MIX & SHAKE

Cocktail classici e moderni per ogni occasione

EDIZIONI WHITE STAR

MIX & SHAKE

Cocktail classici e moderni per ogni occasione

Gianfranco Di Niso - Davide Manzoni
Fotografie di Fabio Petroni

SOMMARIO

INTRODUZIONE

L'intento con cui è nato *Mix & Shake* è quello di proporre un volume completo a tutti coloro che vogliono conoscere e approfondire l'affascinante universo del bere miscelato. Un manuale pratico e soprattutto chiaro, valido per il bartender professionista, per l'aspirante barista e per le persone comuni desiderose di realizzare a casa propria i numerosi cocktails in esso illustrati.
Il volume presenta infatti 260 drink suddivisi in 5 capitoli:
Anytime Cocktails, *Happy Hour Cocktails*, *After Dinner Cocktails*, *Cool Drinks* e *Hot Drinks & Coffee*, alternando cocktail "evergreen" come il Martini Cocktail, il celebre Cuba Libre e lo Stinger, a drink affermatisi come "nuovi classici", tra cui la Caipiroska, il Cosmopolitan, il raffinato Apple Martini e numerosi altri a base di vino.
A ogni cocktail è dedicata una scheda esaustiva e di facile lettura che si articola nelle seguenti voci: Tecnica, Ingredienti (in centilitri per tutti, in once anglosassoni per barman professionisti freestyle), Preparazione e Uso consigliato.
Due voci spesso snobbate dalla letteratura sul bere miscelato arricchiscono le schede: tasso alcolico e apporto calorico. Una scelta certamente vicina alla professionalità di barman sempre più consapevoli dell'importanza di suggerire drink dall'adeguata gradazione alcolica e di educare gli estimatori a un bere "sano" e in armonia con il Codice della Strada.
Negli ultimi anni i colleghi bartenders si sono dedicati con eccellenti risultati all'arte degli "home made", preparazioni sostitutive di sciroppi, liquori, bitter etc. che hanno personalizzato ed elevato qualitativamente numerosi locali. Tuttavia la filosofia che da un decennio caratterizza i miei volumi è stata quella di democratizzare il "conoscere riguardo al bere miscelato", rendendolo così accessibile anche ai non professionisti. Per questa ragione in *Mix & Shake* troveranno spazio quasi esclusivamente ingredienti e preparati dal costo abbordabile ma di ottima qualità, come tutti gli sciroppi e le puree firmati Mixer. Ovviamente ciò non esclude in alcun modo la pregevole pratica dell'"home made" che da sempre mi affascina e utilizzo.
In linea col desiderio di rendere questo volume accessibile a tutte le tipologie

di persone che amano il bere miscelato, mi sono preso la licenza di compiere un "twist" su alcune ricette i cui ingredienti sarebbero stati difficili da reperire per le persone comuni.
In *Mix & Shake* hanno inoltre collaborato con me dieci bartenders. Amici di vecchia data alcuni, incontri recenti altri, ma tutti professionisti che hanno generosamente contribuito a dare lustro a questo volume grazie alle ricette da loro create.
Passiamo a un pò di storia. L'origine del termine "cocktail", pur essendo tutt'oggi incerta, viene accostata a svariate leggende. Di seguito le più accreditate.
La prima cita un barman imbarcatosi lungo il Mississippi. Per alleviare la noia che a volte attanagliava i passeggeri, l'uomo amava cimentarsi nella realizzazione di ottimi drink dai colori sgargianti, servendoli ai compagni di crociera in simpatiche caraffe a forma di galletto.
Secondo altre fonti, "cocktail" trarrebbe origine dall'inglese popolare del Settecento, epoca in cui il termine veniva impiegato con riferimento ai cavalli mezzo sangue, per rimarcare l'unione di differenti elementi, esattamente come succede nella preparazione di un drink.
Tra le ipotesi più originali si annoverano invece le vicende di un barman messicano di Veracruz che abitualmente serviva drink miscelando alcolici, frutta e succhi, accompagnando il tutto con scenografiche code di gallo come decorazione. Un riferimento al combattimento tra galli si ritrova nella leggenda circa le nozze tra una ragazza di Baltimora di nome Bessie e il suo amato, la cui unione era ostinatamente ostacolata dal padre di lei, proprietario di una taverna. Il giorno in cui il gallo preferito della scuderia di famiglia scomparve, l'uomo promise pubblicamente che, in cambio del suo ritrovamento, avrebbe acconsentito allo sgradito matrimonio. Come in una favola il gallo venne presto ritrovato e la ragazza poté coronare il suo sogno d'amore. Per festeggiare, Bessie mescolò differenti liquori, ottenendo un drink dal colore vivace che chiamò "cocktail", in onore del prezioso pennuto.
La prima vera e propria guida al bere miscelato fu pubblicata nel 1862, quando Jerry Thomas, ritenuto il primo maestro bartender della storia,

realizzò la Bartender's Guide, un vademecum di diverse ricette che verrà costantemente aggiornato con i drink di maggior successo. Solo alla fine dell'Ottocento i cocktail iniziarono a riscuotere un buon successo di pubblico, spronando così i bartender a crearne di nuovi, a sperimentare miscele inedite e a pubblicare manuali sempre più esaustivi. Tra i più celebri si annovera il Cocktail Boothby's American Bartender, che già nel 1891 arrivava a raccoglierne più di 350, arricchendo per la prima volta il tutto con numerosi trucchi del mestiere in grado di chiarirne al meglio la realizzazione.
La scelta di un distillato come ingrediente di un drink non è stata solo il frutto della creatività o del gusto personale di un barman. Spesso sono stati accadimenti esterni a condizionarla, come nel 1893, quando in Europa la proliferazione incontrollabile della filossera, un insetto importato dall'America, devastò la quasi totalità delle viti, provocando il crollo della produzione di distillati ricavati dall'uva. I barman furono costretti a correre ai ripari, modificando i cocktail dove cognac o brandy la facevano da padrone, sostituendone le basi con gin, vodka e calvados, creando in tal modo drink nuovi di successo. Agli inizi del Novecento la piaga dell'alcolismo devastava l'Europa, dove l'abuso di assenzio era particolarmente diffuso. Per far fronte all'emergenza nel 1915 mezza Europa bandì la Fée Verte ("Fata Verde") e tutti gli alcolici che tra i loro ingredienti annoveravano questa pianta erbacea. Oltreoceano invece, terminata la Grande Guerra, sotto le forti spinte di gruppi politici e religiosi, nel 1919 ebbe inizio negli Stati Uniti il periodo del Proibizionismo, durante il quale per 15 anni vennero vietati la produzione, il commercio e il consumo di alcol. Una delle conseguenze fu lo sviluppo del gangsterismo. Furono tempi all'insegna del crimine e che annoverano tra i protagonisti figure come Al Capone, capace in breve tempo di costruire una fortuna grazie alla produzione di alcolici e al loro contrabbando. Nel 1933, terminato il Proibizionismo, iniziò l'era liberista dei Tiki Bar, locali dall'arredamento esotico che servivano principalmente cocktail elaborati. Tra i più tenaci ispiratori dei Tiki Bar vi fu l'attore Donn Beach, che a Hollywood inaugurò il Don the Beachcomber, passato alla storia per cocktail a base di rum serviti in sfiziosi bicchieri.

Se pensiamo al classico "sogno americano", con riferimento al lavoro di barman, merita di essere citato il californiano Victor J. Bergeron, abile imprenditore che negli anni '40 riuscì ad aprire una catena di Tiki Bar dal successo strepitoso e di lunga durata, tanto da sopravvivere alla tragedia della Seconda Guerra Mondiale e proseguire l'attività per i successivi decenni. Negli anni '70 i barman crearono alcuni tra i long drink di successo che, come il Gin Tonic o il Vodka Tonic, sono ancora molto apprezzati ai giorni nostri.
A metà degli anni '80 il concetto di bartending venne rivoluzionato dalle tecniche del "Freestyle" e del "Flair acrobatico". Quest'ultimo divenne una vera e propria moda in seguito all'uscita di Cocktail, pellicola del 1988 diretta da Roger Donaldson, interpretata da un giovanissimo Tom Cruise in versione barman acrobatico. Sempre gli anni '80 videro la nascita di una nuova tendenza che spinse star del cinema e della musica a investire in cocktail bar e ristoranti spesso a tema, calamitando ulteriormente l'interesse del pubblico sul mondo del bere. Burt Reynolds fu il primo a intuire le potenzialità di tale business, seguito da Silvester Stallone, Bruce Willis e Arnold Schwarzenegger che, nel 1991 a New York, inaugurarono la nota catena di ristoranti Planet Hollywood.
Concludo restando in campo cinematografico. Da sempre grande amante della settima arte e assiduo frequentatore di sale cinematografiche, ho deciso di regalare ai lettori 40 piccoli inserti che sveleranno come altrettanti cocktail siano stati protagonisti sul grande schermo. Lo sapete qual è il cocktail preferito da James Bond, l'agente segreto più celebre della storia del cinema? E il nome del drink che Humphrey Bogart e Ingrid Bergman sorseggiano innamorati in Casablanca? Sfogliando *Mix & Shake*, tra il preparare un cocktail e l'assaporarne un altro, troverete le risposte e altro ancora.

Gianfranco Di Niso

NOTA DEGLI AUTORI

In tutte le ricette presenti nei vari capitoli del libro sono indicati il grado alcolico e le calorie dei cocktail. Nel caso dei gradi alcolici il valore numerico fornito è da intendersi come stimato e quello delle calorie come indicativo. Sebbene questi valori siano calcolati in base a formule matematiche precise, possono variare a seconda del tipo e della marca di distillato impiegati. Per lasciare libertà di scelta riguardo al prodotto da utilizzare per la realizzazione dei singoli cocktail, si è deciso quindi di fornire delle misurazione stimate e indicative.

STRUMENTI

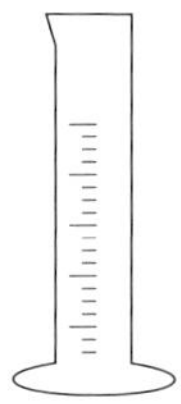

IL CILINDRO GRADUATO

Il cilindro graduato è uno strumento indispensabile, che darà al lettore la certezza di preparare uno o più cocktail sempre uguali, rispettando le dosi indicate nella ricetta. Si esprime in centilitri (e in once), può essere di materiale plastico, metallico o di vetro e si può trovare oppure ordinare nelle farmacie, nei laboratori chimici, nelle fabbriche che producono materie plastiche, nelle ferramenta e nei negozi che vendono prodotti in gomma.

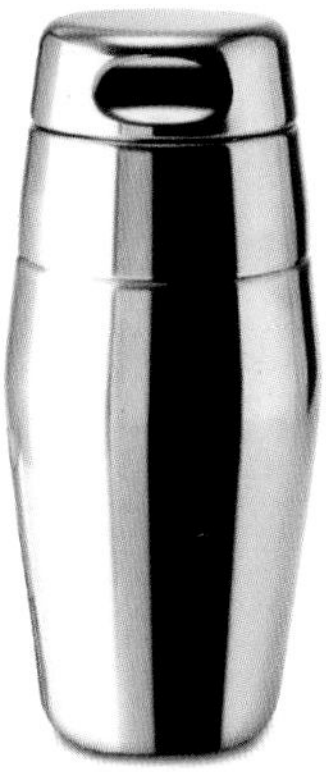

LO SHAKER CONTINENTALE (DETTO ANCHE TRADIZIONALE)

Strumento simbolo del barman, lo shaker risulta fondamentale per amalgamare al meglio gli ingredienti. Si divide in 3 sezioni: una parte inferiore (in acciaio, vetro o plastica) che funge da contenitore per ghiaccio e ingredienti vari; una prima parte superiore, formata da un tappo traforato che funziona da filtro per tutto ciò che non deve finire nel bicchiere (ghiaccio, frutta, spezie e così via); una seconda parte superiore, costituita dal tappo (o coperchio) e che risulta determinante per evitare la fuoriuscita degli ingredienti durante l'atto dello "shakerare". Il tappo può essere inoltre utilizzato come dosatore per ingredienti liquidi. Le tre parti dello shaker devono essere tra loro perfettamente incastrabili. Il cocktail va versato semplicemente aprendo il coperchio, mentre l'azione di filtraggio è assicurata dall'apposito tappo traforato.

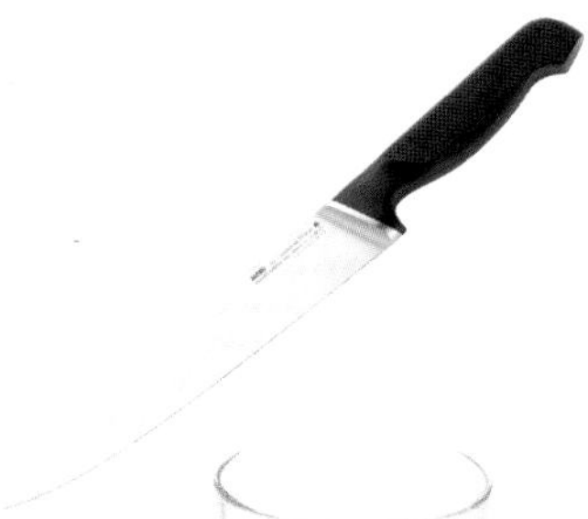

IL COLTELLO PER LA FRUTTA

Si consiglia di tenere a disposizione più di un coltello di forma e dimensioni diverse, con lama seghettata o liscia, per tagliare o incidere frutta e verdura di vario genere.

LA CARAFFA DI VETRO (MIXING GLASS)

Si tratta di un bicchiere in vetro utilizzato nella preparazione di tutti i drink che non necessitano di essere shakerati. Può essere tranquillamente sostituita dalla parte in vetro di uno shaker Boston, utensile usato dai barman professionisti di tutto il mondo. È indispensabile per realizzare celebri cocktail come il Cocktail Martini e il Manhattan.

LO SPREMIAGRUMI

Lo spremiagrumi è uno strumento impiegato in cucina per spremere gli agrumi al fine di ricavarne il succo. Per ottenerlo, si taglia in due parti l'agrume e si spremono le emisfere sulla parte superiore conica dell'attrezzo, usata a mo' di cuneo, imprimendo un movimento rotatorio per frizionare l'intera polpa del frutto sul cono.

LA LATTIERA

La lattiera, realizzata in acciaio e munita di manico e becco di dimensioni variabili, è utilizzata per preparare tutti i drink caldi (hot drink), sostituendo in tal modo il bicchiere, che non resisterebbe al calore.

IL PESTELLO

Realizzato in plastica alimentare, in legno o in marmo, il pestello è impiegato nella preparazione dei cocktail "pestati", come quelli della famiglia delle Caipiriñhe. Viene generalmente usato per pestare la menta o gli agrumi insieme allo zucchero.

LO STRAINER (PASSINO)

Questo strumento in acciaio è indispensabile quando si preparano cocktail che non necessitano dell'impiego di uno shaker per evitare di versare il ghiaccio nel bicchiere.

LA PINZA

Può essere utilizzata sia per il ghiaccio, sia per prendere o posizionare le decorazioni sul bordo del bicchiere o direttamente nel drink, evitando così l'uso delle mani.

IL FRULLINO MESCOLATORE

È un utensile che serve a mescolare efficacemente gli ingredienti di un cocktail.

IL FRULLATORE

Il frullatore o blender è uno strumento da bar usato per frullare due o più ingredienti liquidi o solidi. È dotato di diverse velocità e può essere di materiale plastico o acciaio. In alcuni casi la campana superiore è in vetro. È indispensabile per preparare diverse famiglie di cocktail: le colada caraibiche, le batida brasiliane, i frozen americani e gli sherbet a base di gelato.

ANYTIME COCKTAILS

Questa categoria, conosciuta anche con il nome di "popular drinks", racchiude cocktail nati in anni recenti e che il pubblico ha dimostrato di gradire con costanza. La peculiarità degli Anytime è la predisposizione all'essere gustati dal primo pomeriggio a notte fonda.
Particolarmente consigliati per rinfrescarsi dalla calura, questi drink sono l'ideale per accompagnare una piacevole serata in un locale, meglio ancora se sorseggiati tra un ballo e l'altro in discoteca. Si tratta di drink che meglio di altri sanno valorizzare l'estro del bartender che è lasciato libero di sprigionare tutto il proprio talento nello sposare al meglio sapori, profumi, forme e colori, grazie all'utilizzo di liquori, distillati, succhi di frutta e sciroppi di ogni genere. In questa categoria di drink un ruolo fondamentale è giocato dalla loro scenografica presentazione, in cui protagonisti sono bicchieri originali e decorazioni in frutta fresca, a volte molto elaborate o artistiche. Un ruolo di rilievo tra gli Anytime è giocato dalla famiglia delle Batidas brasiliane, che hanno fatto conoscere la cachaça in tutto il mondo. Le Batidas sono drink carichi di sapori lontani, in cui la generosa presenza di frutta esotica fresca presenta l'ulteriore pregio di stemperare il sapore spigoloso del distillato brasiliano.
Tra i capostipiti della famiglia degli Anytime vi è il Sex on the Beach, che nasce intorno agli anni '80, riscuotendo un immediato successo tra i giovani, stuzzicati non solo dal vincente sapore fruttato, ma da un nome che rievoca estive serate piccanti in riva al mare. Impossibile non citare il Long Island Iced Tea, celebre long drink che ricorda il tè freddo sia nel colore sia nel gusto e rappresenta una rara eccezione fra gli Anytime, perché richiede una gradazione alcolica più alta e un consumo moderato.
Tra i must di questa categoria di cocktail, il Gin Tonic, il Mai Tai e il Cuba Libre occupano una posizione di rilievo, sintetizzando al meglio ciò che un buon Anytime deve esprimere: l'essere un ottimo long drink capace di allietare i pomeriggi e le serate in compagnia.

ANYTIME COCKTAILS

GRADI ALCOLICI: 14,4
CALORIE: 150

ALABAMA SLAMMER

tecnica shake & strain

INGREDIENTI

vodka secca o Sloe gin 2,5 cl (¾ oz)
Amaretto Disaronno 2,5 cl (¾ oz)
Southern Comfort 2,5 cl (¾ oz)
succo d'arancia 6 cl (3 oz)
sciroppo di granatina
Mixer (facoltativo) 1,5 cl (½ oz)

PREPARAZIONE

In un cilindro graduato (jigger) misurate 2,5 cl (¾ oz) di vodka o gin e versateli in uno shaker. Ripetete l'operazione con 2,5 cl (¾ oz) di Amaretto Disaronno, 2,5 cl (¾ oz) di Southern Comfort, 6 cl (3 oz) di succo d'arancia e 1,5 cl (½ oz) di sciroppo di granatina. Aggiungete qualche cubetto di ghiaccio e agitate energicamente per alcuni secondi. Trattenendo il ghiaccio con un passino (strainer) versate il tutto in un tumbler alto colmo di ghiaccio e servite, decorando con ½ fetta d'arancia, 2 ciliegine da cocktail e 2 cannucce lunghe.

USO CONSIGLIATO

Long drink rinfrescante, ottimo lungo tutta la giornata.

APACHE

tecnica build

GRADI ALCOLICI: 7,8
CALORIE: 92

INGREDIENTI

Porto bianco 3 cl (1 oz)
bitter (consigliato il Bitter Campari) 2,5 cl (¾ oz)
succo d'arancia 6 cl (2 oz)
succo di pompelmo 3 cl (1 oz)
sciroppo di granatina Mixer 1,5 cl (½ oz)

PREPARAZIONE

In un cilindro graduato (jigger) misurate 3 cl (1 oz) di Porto bianco e versatelo in un tumbler alto colmo di ghiaccio. Ripetete l'operazione con 2,5 cl (¾ oz) di bitter, 6 cl (2 oz) di succo d'arancia, 3 cl (1 oz) di succo di pompelmo e 1,5 cl (½ oz) di sciroppo di granatina. Mescolate per qualche secondo con un cucchiaino a manico lungo e servite, decorando con 1 spicchio d'arancia, 2 ciliegine da cocktail, 1 rametto di menta e 2 cannucce lunghe.

USO CONSIGLIATO

Ottimo aperitivo adatto a ogni momento della giornata.

GRADI ALCOLICI: 14,3
CALORIE: 152

BAHAMA MAMA

tecnica shake & strain

INGREDIENTI

rum scuro 3 cl (1 oz)
Malibù 1,5 cl (½ oz)
succo d'ananas 6 cl (2 oz)
crema di banana 1,5 cl (½ oz)
succo d'arancia 3 cl (1 oz)
sciroppo di granatina 1,5 cl (½ oz)

PREPARAZIONE

In un cilindro graduato (jigger) misurate 3 cl (1 oz) di rum e versateli in uno shaker. Ripetete l'operazione con 1,5 cl (½ oz) di liquore Malibù, 1,5 cl (½ oz) di crema di banana, 3 cl (1 oz) di succo d'arancia, 6 cl (2 oz) di succo d'ananas e 1,5 cl (½ oz) di sciroppo di granatina. Aggiungete qualche cubetto di ghiaccio e agitate energicamente per alcuni secondi. Trattenendo il ghiaccio con un passino (strainer), versate in un tumbler alto colmo di ghiaccio. Servite, decorando con ½ fetta d'ananas, ½ fetta d'arancia, 3 ciliegine da cocktail e 2 cannucce lunghe.

USO CONSIGLIATO

Ottimo long drink da sorseggiare in qualunque momento.

GRADI ALCOLICI: 8,2
CALORIE: 174

BARBARA WINE

tecnica shake & strain

INGREDIENTI

Müller-Thurgau 4,5 cl (1 ½ oz)
Maraschino 1,5 cl (½ oz)
succo d'ananas 9 cl (3 oz)
succo alla fragola 1,5 cl (½ oz)
sciroppo di granatina
Mixer 1,5 cl (½ oz)

PREPARAZIONE

In un cilindro graduato (jigger) misurate tutti gli ingredienti e versateli in uno shaker. Aggiungete alcuni cubetti di ghiaccio e agitate energicamente per qualche secondo. Trattenendo il ghiaccio con un passino (strainer), versate in un tumbler alto colmo di ghiaccio e servite, decorando con ½ fetta d'ananas, 2 ciliegine da cocktail e 2 cannucce lunghe.

USO CONSIGLIATO

Fantastico dissetante adatto a ogni momento della giornata.

GRADI ALCOLICI: 9,6
CALORIE: 216

BATIDA DE COCO

tecnica blender

INGREDIENTI

cachaça 4,5 cl (1½ oz)
zucchero di canna o bianco
20 gr (circa)
sciroppo di zucchero
Mixer 2,5 cl (¾ oz)
purea di cocco
Mixer 3 cl (1 oz)

PREPARAZIONE

In un cilindro graduato (jigger) misurate 4,5 cl (1½ oz) di cachaça e versateli in un frullatore. Ripetete l'operazione con 2,5 cl (¾ oz) di sciroppo di zucchero e 3 cl (1 oz) di purea di cocco. Aggiungete 20 gr (circa) di zucchero, ½ tumbler basso di ghiaccio tritato e frullate per 15-20 secondi. Versate in un tumbler alto e servite, decorando con qualche tocchetto di cocco fresco e 2 cannucce lunghe.

USO CONSIGLIATO

Drink goloso da gustare in qualunque momento della giornata.

BITTER SWEET

tecnica blender

GRADI ALCOLICI: 10,8
CALORIE: 203

INGREDIENTI

Aperol 3 cl (1 oz)
bitter (consigliato il Bitter Campari) 1,5 cl (½ oz)
vodka alla pesca 3 cl (1 oz)
gelato gusto pesca 100 gr (circa)

PREPARAZIONE

In un cilindro graduato misurate 3 cl (1 oz) di Aperol e versateli in un frullatore. Ripetete l'operazione con 1,5 cl (½ oz) di bitter e 3 cl (1 oz) di vodka alla pesca. Aggiungete 100 gr (circa) di gelato gusto pesca e ½ tumbler basso di ghiaccio tritato. Frullate per 15-20 secondi e versate il tutto in un tumbler alto. Servite, decorando con spicchi di arancia o di pesca fresca e 2 cannucce lunghe.

USO CONSIGLIATO

Simpatico drink aperitivo.

GRADI ALCOLICI: 12,6
CALORIE: 234

BLUE HAWAIAN COLADA

tecnica blender

INGREDIENTI

rum chiaro 3 cl (1 oz)
Blue Curaçao 3 cl (1 oz)
succo d'ananas 9 cl (3 oz)
purea di cocco Mixer 3 cl (1 oz)

PREPARAZIONE

In un cilindro graduato (jigger) misurate 3 cl (1 oz) di rum e 3 cl (1 oz) di Blue Curaçao e versateli in un frullatore. Ripetete l'operazione con 9 cl (3 oz) di succo di ananas e 3 cl (1 oz) di purea di cocco. Aggiungete ½ tumbler basso di ghiaccio tritato e frullate per 15-20 secondi, versando poi il tutto in un tumbler alto. Servite, decorando con ½ fetta d'ananas, 2 ciliegine da cocktail e 2 cannucce lunghe.

USO CONSIGLIATO

Ottimo drink adatto alle ore pomeridiane e serali.

BLUE LAGOON

GRADI ALCOLICI: 15,6
CALORIE: 131

tecnica shake & strain

INGREDIENTI

vodka secca 4,5 cl (1 ½ oz)
Blue Curaçao 2,5 cl (¾ oz)
succo di limone o lime 3 cl (1 oz)

PREPARAZIONE

In un cilindro graduato (jigger) misurate 4,5 cl (1 ½ oz) di vodka secca e versateli in uno shaker. Ripetete l'operazione con 3 cl (1 oz) di succo di limone o lime e 2,5 cl (¾ oz) di Blue Curaçao. Aggiungete qualche cubetto di ghiaccio e agitate con forza per pochi secondi. Trattenendo il ghiaccio con un passino (strainer), versate in una coppetta raffreddata in freezer e servite, decorando con 1 spicchio di limone.

USO CONSIGLIATO

Sublime digestivo.

GRADI ALCOLICI: 22,2
CALORIE: 139

BLUE MARGARITA

tecnica shake & strain

INGREDIENTI

tequila 4,5 (1½ oz)
Blue Curaçao 2,5 cl (¾ oz)
Cointreau o triple sec 1,5 cl (½ oz)
succo di limone o di lime 2,5 cl (¾ oz)
sale fino

PREPARAZIONE

Prendete una coppa sombrero precedentemente raffreddata in freezer e inumiditene per metà il bordo con del limone o del lime. Passate quindi il bicchiere in una ciotolina con abbondante sale fino, in modo che il sale aderisca alla metà inumidita. In un cilindro graduato (jigger) misurate 4,5 (1½ oz) di tequila e versateli in uno shaker. Ripetete l'operazione con 2,5 cl (¾ oz) di Blue Curaçao, 1,5 cl (½ oz) di Cointreau o triple sec e 2,5 cl (¾ oz) di succo di limone o di lime. Aggiungete dei cubetti di ghiaccio e agitate per qualche secondo. Trattenendo il ghiaccio con un passino (strainer), versate il drink nella coppa sombrero e servite.

USO CONSIGLIATO

Drink adatto a tutte le ore della sera, sempre più in voga anche come aperitivo.

CAIPIRIÑHA

tecnica muddler

GRADI ALCOLICI: 18,9
CALORIE: 213

MATCH POINT

Nel suo capolavoro targato 2005 Woody Allen sostiene prepotentemente come il fato ricopra un ruolo cruciale nella vita di un uomo. Il regista spiazza, scegliendo un genere a lui lontano e una vicenda dagli echi dostoevskijani con protagonista un giovane e ambizioso insegnante di tennis travolto dagli eventi che ama la bella vita e bere Caipiriñha con amici altolocati.

INGREDIENTI

½ lime
zucchero bianco o di canna 20 gr (circa)
cachaça 6 cl (2 oz)

PREPARAZIONE

Disponete in un tumbler basso ½ lime tagliato a cubetti e 20 gr (circa) di zucchero. Con l'ausilio di un pestello, pestate il tutto fino a ottenere una poltiglia. Riempite il bicchiere con ghiaccio tritato e aggiungete 6 cl (2 oz) di cachaça precedentemente misurata in un cilindro graduato (jigger). Mescolate per qualche secondo con un cucchiaino a manico lungo in modo da amalgamare al meglio gli ingredienti. Servite, decorando con 2 cannucce corte.

USO CONSIGLIATO

Vero cult dell'aperitivo serale e drink perfetto per il dopo cena.

GRADI ALCOLICI: 12,2
CALORIE: 122

CHEROKEE

tecnica build

INGREDIENTI

gin 3 cl (1 oz)
bitter (consigliato il Bitter Campari) 2,5 cl (¾ oz)
succo d'arancia 6 cl (2 oz)
succo di pompelmo 3 cl (1 oz)
sciroppo di granatina
Mixer 1,5 cl (½ oz)

PREPARAZIONE

In un cilindro graduato (jigger) misurate 3 cl (1 oz) di gin e versateli in un tumbler alto colmo di ghiaccio. Ripetete l'operazione con 2,5 cl (¾ oz) di bitter, 6 cl (2 oz) di succo d'arancia, 3 cl (1 oz) di succo di pompelmo e 1,5 cl (½ oz) di sciroppo di granatina. Mescolate bene gli ingredienti con un cucchiaino a manico lungo e servite, decorando con 2 cannucce lunghe, 2 ciliegine da cocktail, 1 rametto di menta e 2 spicchi d'arancia.

USO CONSIGLIATO

Ottimo long drink aperitivo.

COCA WHISKY

tecnica build

GRADI ALCOLICI: 12,4
CALORIE: 156

THELMA E LOUISE

Road movie entrato nella storia del Cinema Femminista, dove la coppia di amiche Thelma (Geena Davis) e Louise (Susan Sarandon) fuggono verso il Messico in seguito a un omicidio. All'inizio del loro viaggio, vediamo Thelma ordinare un Whisky e Cola al bancone di un bar. Nel 1991 il pubblico consacrò all'unisono il film di Ridley Scott, le due attrici e il long drink.

INGREDIENTI

whiskey (preferibilmente) americano 4,5 cl (1 ½ oz)
cola 12 cl (4 oz)

PREPARAZIONE

In un cilindro graduato (jigger) misurate 4,5 cl (1 ½ oz) di whiskey e versateli in un tumbler alto colmo di ghiaccio. Allungate fin quasi al bordo con 12 cl (4 oz) di cola e mescolate con un cucchiaino a manico lungo. Servite, decorando con 1 spicchio di limone e 2 cannucce lunghe.

USO CONSIGLIATO

Amatissimo dai giovani, indicato a ogni ora del giorno.

GRADI ALCOLICI: 11,6
CALORIE: 135

CUBA LIBRE

tecnica build

INGREDIENTI

rum chiaro o ambrato 4,5 cl
(1½ oz)
succo di limone o di lime 1,5 cl
(½ oz)
cola 12 cl (4 oz)

PREPARAZIONE

In un cilindro graduato (jigger) misurate 4,5 cl (1½ oz) di rum chiaro o ambrato e versatelo in un tumbler alto colmo di ghiaccio. Ripetete l'operazione con 1,5 cl (½ oz) di succo di limone o di lime. Allungate fin quasi al bordo con 12 cl (4 oz) di cola e mescolate per qualche secondo. Servite, decorando con 2 cannucce lunghe e 1 spicchio di lime o limone.

USO CONSIGLIATO

Ottimo long drink apprezzato in tutto il mondo.

DAIQUIRI FROZEN

tecnica blender

GRADI ALCOLICI: 12,3
CALORIE: 142

INGREDIENTI

rum chiaro o ambrato 6 cl (2 oz)
succo di limone o lime 3 cl (1 oz)
sciroppo di zucchero Mixer 3 cl (1 oz)

PREPARAZIONE

In un cilindro graduato (jigger) misurate 6 cl (2 oz) di rum e versateli in un frullatore. Ripetete l'operazione con 3 cl (1 oz) di succo di limone o lime e 3 cl (1 oz) di sciroppo di zucchero. Aggiungete ½ tumbler alto di ghiaccio tritato e frullate per 15-20 secondi. Versate il tutto in un tumbler basso, decorando con 1 fetta di limone e 2 cannucce corte.

USO CONSIGLIATO

Eccellente drink, dissetante e digestivo.

DOLCE GRECIA

tecnica shake & strain

INGREDIENTI

Samos dolce 4,5 cl (1 ½ oz)
succo di limone o di lime 2,5 cl (¾ oz)
sciroppo di zucchero
Mixer 1,5 cl (½ oz)

PREPARAZIONE

In un cilindro graduato (jigger) misurate 4,5 cl (1 ½ oz) di Samos dolce e versateli in uno shaker. Ripetete l'operazione con 2,5 cl (¾ oz) di succo di limone o di lime e 1,5 cl (½ oz) di sciroppo di zucchero. Aggiungete alcuni cubetti di ghiaccio e agitate energicamente per qualche secondo. Trattenendo il ghiaccio con un passino (strainer), versate in una coppetta raffreddata in freezer e servite.

USO CONSIGLIATO

Eccellente drink dopo pasto.

GRADI ALCOLICI: 6,3
CALORIE: 62

ENERGY

tecnica build

INGREDIENTI

vermouth rosso 4,5 cl (1 ½ oz)
succo ACE 6 cl (2 oz)

PREPARAZIONE

In un cilindro graduato (jigger) misurate 4,5 cl (1 ½ oz) di vermouth rosso e versatelo in un tumbler basso colmo di ghiaccio. Ripetete l'operazione con 6 cl (2 oz) di succo ACE precedentemente misurati in un cilindro graduato (jigger). Mescolate delicatamente il tutto per qualche secondo con un cucchiaino a manico lungo e servite, decorando con 2 cannucce corte e fette d'arancia, limone e lime.

USO CONSIGLIATO

Eccellente aperitivo energetico.

GRADI ALCOLICI: 10,8
CALORIE: 115

ERIKA

di Vincenzo Giaimo

tecnica shake & strain

INGREDIENTI

gin 1,5 cl (½ oz)
spremuta d'arancia 1,5 cl (½ oz)
Sherry 3 cl (1 oz)
liquore alla vaniglia 3 cl (1 oz)
cannella in polvere ¼ cucchiaino
1,5 gr (circa)

PREPARAZIONE

In un cilindro graduato (jigger) misurate 1,5 cl (½ oz) di gin e versatelo in uno shaker. Ripetete l'operazione con 1,5 cl (½ oz) di spremuta d'arancia, 3 cl (1 oz) di Sherry, 3 cl (1 oz) di liquore alla vaniglia e 1,5 gr (circa) di cannella in polvere. Aggiungete diversi cubetti di ghiaccio e agitate vigorosamente per qualche secondo. Trattenendo il ghiaccio con un passino (strainer) versate in una coppetta precedentemente raffreddata in freezer. Decorate con ciliegine da cocktail.

USO CONSIGLIATO

Ottimo drink da gustare nel corso dell'apericena.

GRADI ALCOLICI: 13,6
CALORIE: 89

GRADI ALCOLICI: 15,8
CALORIE: 210

FRENCH KISS

tecnica blender

INGREDIENTI

Aperol 6 cl (2 oz)
bitter (consigliato il Bitter Campari) 2,5 cl (¾ oz)
Grand Marnier 2,5 cl (¾ oz)
gelato gusto ACE 100 gr (circa)

PREPARAZIONE

In un cilindro graduato (jigger) misurate 6 cl (2 oz) di Aperol e versateli in un frullatore. Ripetete l'operazione con 2,5 cl (¾ oz) di Grand Marnier e 2,5 cl (¾ oz) di bitter. Aggiungete 100 gr (circa) di gelato gusto ACE e ½ tumbler basso di ghiaccio tritato. Frullate per 15-20 secondi e versate il tutto in un tumbler alto. Servite, decorando con ½ fetta d'ananas, 2 ciliegine da cocktail e 2 cannucce lunghe.

USO CONSIGLIATO

Delizioso drink aperitivo.

GIN FIZZ

tecnica shake & strain

GRADI ALCOLICI: 12,6
CALORIE: 108

INGREDIENTI

gin 4,5 cl (1 ½ oz)
succo di limone o lime 3 cl (1 oz)
sciroppo di zucchero Mixer
1,5 cl (½ oz)
soda water o acqua minerale
frizzante 6 cl (2 oz)

PREPARAZIONE

In un cilindro graduato (jigger) misurate 4,5 cl (1 ½ oz) di gin e versateli in uno shaker. Ripetete l'operazione con 3 cl (1 oz) di succo di limone o lime e 1,5 cl (½ oz) di sciroppo di zucchero. Aggiungete qualche cubetto di ghiaccio e agitate energicamente il tutto per pochi secondi. Trattenendo il ghiaccio con un passino (strainer), versate il drink in un tumbler alto colmo di ghiaccio e allungate fin quasi al bordo con 6 cl (2 oz) di soda water o acqua minerale frizzante precedentemente misurata in un cilindro graduato (jigger). Mescolate delicatamente con un cucchiaino a manico lungo e servite, decorando con 2 cannucce lunghe, 2 ciliegine da cocktail e ½ fetta di limone.

USO CONSIGLIATO

Celebre drink con ottime proprietà digestive, da gustare in qualunque momento del giorno.

GRADI ALCOLICI: 12,3
CALORIE: 108

GIN LEMON

tecnica build

INGREDIENTI

gin 4,5 cl (1½ oz)
bibita al limone 12 cl (4 oz)

PREPARAZIONE

In un cilindro graduato (jigger) misurate 4,5 cl (1½ oz) gin e versateli in un tumbler alto colmo di ghiaccio. Allungate fin quasi all'orlo con 12 cl (4 oz) di bibita al limone e servite, decorando con 2 cannucce lunghe.

USO CONSIGLIATO

Ottimo long drink rinfrescante, perfetto durante le ore più calde.

GIN TONIC

tecnica build

GRADI ALCOLICI: 12,2
CALORIE: 142

50 SFUMATURE DI GRIGIO

Tra le passioni più o meno segrete del tenebroso miliardario di Seattle Christian Grey (Jamie Dornan) non troviamo solo le pratiche bondage e sadomaso nelle quali coinvolge le sue partner, ma anche il Gin, del quale conosce innumerevoli marche e che consuma aggiungendo acqua tonica e un cetriolino, lanciando dal 2015 una vera e propria moda che investì i locali più cool del momento.

INGREDIENTI

gin 4,5 cl (1½ oz)
acqua tonica 12 cl (4 oz)

PREPARAZIONE

In un cilindro graduato (jigger) misurate 4,5 cl (1½ oz) di gin e versatelo in un tumbler alto colmo di ghiaccio. Aggiungete, fin quasi a raggiungere il bordo, 12 cl (4 oz) di acqua tonica. Servite, decorando con 2 cannucce lunghe e 1 fetta di limone o lime.

USO CONSIGLIATO

Long drink perfetto per tutte le ore della giornata e ottimo come aperitivo.

GRADI ALCOLICI: 19,8
CALORIE: 159

GRAN MARGARITA

tecnica shake & strain

INGREDIENTI

tequila scura 4,5 cl (1 ½ oz)
Grand Marnier 3 cl (1 oz)
succo di limone o lime 2,5 (¾ oz)
sale fino

PREPARAZIONE

Prendete una coppa sombrero precedentemente raffreddata in freezer e inumiditene per metà il bordo con del limone o del lime. Passate quindi il bicchiere in una ciotolina con abbondante sale fino, in modo che il sale aderisca alla metà inumidita. In un cilindro graduato (jigger) misurate 4,5 cl (1 ½ oz) di tequila scura e versateli in uno shaker. Ripetete l'operazione con 3 cl (1 oz) di Grand Marnier e 2,5 (¾ oz) di succo di limone o lime. Aggiungete dei cubetti di ghiaccio e agitate energicamente per qualche secondo. Trattenendo il ghiaccio con un passino (strainer), versate il drink nella coppa sombrero e servite.

USO CONSIGLIATO

Perfetto da gustare in qualunque momento della serata.

HARVEY WALLBANGER

tecnica build

GRADI ALCOLICI: 17,8
CALORIE: 190

Sinonimo di "guidatore ubriaco" nel gergo tipico del CB, questo cocktail fresco e raffinato viene "ordinato per tutti" in un bar durante questa spassosa commedia del 1980 interpretata da Gene Wilder e Richard Pryor. Affetto da sordità il primo, da cecità il secondo, i due amici restano loro malgrado coinvolti in un omicidio che stravolgerà le loro vite, creando una serie di gag esilaranti.

NON GUARDARMI, NON TI SENTO

INGREDIENTI

vodka secca 4,5 cl (1 ½ oz)
succo d'arancia 9 cl (3 oz)
liquore Galliano 2,5 cl (¾ oz)

PREPARAZIONE

In un cilindro graduato (jigger) misurate 4,5 cl (1 ½ oz) di vodka secca e versateli in un tumbler alto colmo di ghiaccio. Ripetete l'operazione con 9 cl (3 oz) di succo d'arancia e mescolate con un cucchiaino a manico lungo. Misurate nel cilindro graduato (jigger) 2,5 cl (¾ oz) di liquore Galliano e adagiatelo con l'aiuto del cucchiaino sugli altri ingredienti. Servite, decorando con 2 cannucce lunghe, 2 ciliegine da cocktail e ½ fetta d'arancia.

USO CONSIGLIATO

È un long drink che vi sorprenderà piacevolmente a ogni ora del giorno.

EVITA

Trascinante musical del 1996 diretto da Alan Parker, nonché celebrazione della sfavillante ma sfortunata parabola di Evita Peron, interpretata da una stratosferica Madonna. Durante una corsa di cavalli, numerose comparse della Buenos Aires "bene" sorseggiano in un giardino Horse's Neck, il quale grazie al successo di Evita *conobbe una rinascita a livello globale.*

HORSE'S NECK

tecnica build

INGREDIENTI

cognac 4,5 cl (1 ½ oz)
Ginger Ale 12 cl (4 oz)
angostura 2-3 gocce (dash)
(facoltativo)

PREPARAZIONE

In un cilindro graduato (jigger) misurate 4,5 cl (1 ½ oz) di cognac e versateli in un tumbler alto colmo di ghiaccio e aggiungete 2-3 gocce (dash) di angostura. Allungate fin quasi all'orlo con 12 cl (4 oz) di Ginger Ale e servite, decorando con ½ fetta d'arancia e 2 cannucce lunghe.

USO CONSIGLIATO

Ottimo long drink, ideale a ogni ora del giorno.

GRADI ALCOLICI: 10,8
CALORIE: 108

HOT EXPLOSION

tecnica blender

INGREDIENTI

vermouth bianco 4 cl (1 ¼ oz)
frullato di banana o purea di banana Mixer 3 cl (1 oz)
frullato di pesca o purea di pesca Mixer 3 cl (1 oz)
succo d'arancia 3 cl (1 oz)
½ cucchiaino di peperoncino in polvere

PREPARAZIONE

In un cilindro graduato (jigger) misurate tutti gli ingredienti e versateli in un frullatore unitamente a ½ cucchiaino di peperoncino in polvere e a ½ tumbler basso di ghiaccio tritato. Frullate per 15-20 secondi e versate in un tumbler alto. Servite, decorando con 2 cannucce lunghe e 1 spolverata di peperoncino in polvere.

USO CONSIGLIATO

Drink particolarmente consigliato per le occasioni "passionali".

GRADI ALCOLICI: 7,3
CALORIE: 143

HUGO

tecnica build - versione sparkling senza ghiaccio

INGREDIENTI

sciroppo di fiore di sambuco
Mixer 3 cl (1 oz)
spumante brut o Champagne
6 cl (2 oz)
acqua minerale frizzante o
soda (ghiacciate) 6 cl (2 oz)

PREPARAZIONE

In un cilindro graduato (jigger) misurate 3 cl (1 oz) di sciroppo di sambuco e versateli in un bicchiere da vino. Ripetete l'operazione con 6 cl (2 oz) di spumante brut o Champagne ghiacciati e 6 cl (2 oz) di acqua minerale frizzante o soda (ghiacciate). Mescolate delicatamente per qualche secondo e servite, decorando con 1 rametto di menta e 1 spicchio di limone.

USO CONSIGLIATO

Conosciuto come ottimo aperitivo, indicato anche per tutta la giornata. Nella versione classica il bicchiere deve essere riempito con del ghiaccio.

GRADI ALCOLICI: 7,6
CALORIE: 146

I DUE GOLFI

di Renato Pinfildi

tecnica shake & strain

INGREDIENTI

mezcal 3 cl (1 oz)
dry gin italiano 3 cl (1 oz)
liquore alla Mela Annurca 1 cl (¼ oz)
succo di lime fresco 1,5 cl (½ oz)
succo di limone fresco di Sorrento
1 cl (¼ oz)
miele di agave 2 cl (¾ oz)
2 gocce (dash) di tabasco
sale nero delle Hawaii

PREPARAZIONE

Prendete una coppa Asti precedentemente raffreddata in freezer e inumiditene per metà il bordo con del limone. Passate quindi il bicchiere in una ciotolina con abbondante sale nero delle Hawaii, in modo che il sale aderisca alla metà inumidita. In un cilindro graduato (jigger) misurate 3 cl (1 oz) di mezcal e versateli in uno shaker. Ripetete l'operazione con 3 cl (1 oz) di gin, 1 cl (¼ oz) di liquore alla Mela Annurca, 1 cl (¼ oz) di succo di limone e 1,5 cl (½ oz) di succo di lime. Aggiungete 2 gocce (dash) di tabasco, 2 cl (¾ oz) di miele e alcuni cubetti di ghiaccio. Agitate energicamente per qualche secondo e, trattenendo il ghiaccio con un passino (strainer), versate il tutto nella coppa Asti e servite.

USO CONSIGLIATO

Ottimo drink da bere a tutte le ore.

GRADI ALCOLICI: 17,2
CALORIE: 184

GRADI ALCOLICI: 12,3
CALORIE: 148

JUS D'AMOUR BARBARA

tecnica shake & strain

INGREDIENTI

rum bianco 3 cl (1 oz)
Maraschino 2,5 cl (¾ oz)
succo d'ananas 7,5 cl (2½ oz)
frullato o succo di fragole 3 cl (1 oz)
sciroppo di granatina Mixer 1,5 cl (½ oz)

PREPARAZIONE

In un cilindro graduato (jigger) misurate 3 cl (1 oz) di rum e versateli in uno shaker. Ripetete l'operazione con 2,5 cl (¾ oz) di Maraschino, 7,5 cl (2½ oz) di succo d'ananas, 3 cl (1 oz) di frullato o succo di fragole e 1,5 cl (½ oz) di sciroppo di granatina. Aggiungete qualche cubetto di ghiaccio e agitate energicamente per alcuni secondi. Trattenendo il ghiaccio con un passino (strainer), versate in un tumbler alto colmo di ghiaccio e servite, decorando con ½ fetta d'ananas, 2 ciliegine da cocktail e 2 cannucce lunghe.

USO CONSIGLIATO

Ottimo drink per il gentil sesso.

LISBONA BEACH

tecnica shake & strain

GRADI ALCOLICI: 11,8
CALORIE: 138

INGREDIENTI

Porto bianco 3 cl (1 oz)
liquore alla pesca 3 cl (1 oz)
succo di cranberry (mirtillo rosso californiano) 6 cl (2 oz)
succo d'arancia 6 cl (2 oz)

PREPARAZIONE

Versate in uno shaker 3 cl (1 oz) di Porto bianco, 3 cl (1 oz) di liquore alla pesca, 6 cl (2 oz) di succo d'arancia e 6 cl (2 oz) di succo di cranberry precedentemente misurati in un cilindro graduato (jigger). Aggiungete alcuni cubetti di ghiaccio e agitate energicamente. Trattenendo il ghiaccio con un passino (strainer), versate il tutto in un tumbler alto colmo di ghiaccio e servite, aggiungendo 2 cannucce lunghe e decorando a piacere con spicchi di agrumi e 1 rametto di ribes rosso.

USO CONSIGLIATO

Godibilissimo drink capace di rinfrescare ogni momento della giornata.

GRADI ALCOLICI: 24,2
CALORIE: 206

LONG ISLAND ICED TEA

tecnica build

INGREDIENTI

gin 2,5 cl (¾ oz)
rum chiaro o ambrato 2,5 cl (¾ oz)
vodka secca 2,5 cl (¾ oz)
Cointreau o triple sec 2,5 cl (¾ oz)
succo di limone o di lime 2,5 cl (¾ oz)
sciroppo di zucchero Mixer 2,5 cl (¾ oz)
cola 3 cl (1 oz)

PREPARAZIONE

In un cilindro graduato (jigger) misurate 2,5 cl (¾ oz) di rum chiaro o ambrato e versatelo in un tumbler alto colmo di ghiaccio. Ripetete l'operazione con 2,5 cl (¾ oz) di gin, 2,5 cl (¾ oz) di Cointreau o triple sec, 2,5 cl (¾ oz) di vodka secca, 2,5 cl (¾ oz) di succo di limone o lime e 2,5 cl (¾ oz) di sciroppo di zucchero. Aggiungete 3 cl (1 oz) di cola e amalgamate gli ingredienti, mescolando energicamente con un cucchiaino a manico lungo per qualche secondo. Servite, decorando con 2 cannucce lunghe e ½ fetta di lime o limone.

USO CONSIGLIATO

Drink adatto a tutte le ore del giorno, ma da gustare responsabilmente, dato l'elevato tenore alcolico.

LULÙ ICE

tecnica blender

GRADI ALCOLICI: 14,2
CALORIE: 226

INGREDIENTI

Aperol 6 cl (2 oz)
bitter (consigliato il Bitter Campari) 2,5 cl (¾ oz)
Mandarinetto Isolabella 3 cl (1 oz)
gelato gusto ACE 100 gr (circa)

PREPARAZIONE

In un cilindro graduato (jigger) misurate 6 cl (2 oz) di Aperol e versateli in un frullatore. Ripetete l'operazione con 3 cl (1 oz) di Mandarinetto Isolabella e 2,5 cl (¾ oz) di bitter. Aggiungete 100 gr (circa) di gelato gusto ACE e ½ tumbler basso di ghiaccio tritato. Frullate per 15-20 secondi e versate il tutto in un tumbler alto. Servite, decorando con ½ fetta d'arancia, 1 ciliegina da cocktail e 2 cannucce lunghe.

USO CONSIGLIATO

Ottimo drink aperitivo.

GRADI ALCOLICI: 8,9
CALORIE: 112

MADEIRA AMARETTO COLADA

tecnica blender

INGREDIENTI

Madeira bianco dolce 3 cl (1 oz)
Amaretto Disaronno 3 cl (1 oz)
purea di cocco Mixer 1,5 cl (½ oz)
succo d'ananas 9 cl (3 oz)

PREPARAZIONE

In un cilindro graduato (jigger) misurate gli ingredienti e versateli in un frullatore. Aggiungete ½ tumbler alto di ghiaccio tritato e frullate il tutto per 15-20 secondi. Versate nel tumbler e servite, decorando con ½ fetta d'ananas, 2 ciliegine da cocktail, 2 cannucce lunghe e alcuni amaretti.

USO CONSIGLIATO

Ottimo da gustare in ogni momento della giornata.

MAI TAI

tecnica shake & strain

GRADI ALCOLICI: 18,6
CALORIE: 182

WILL HUNTING - GENIO RIBELLE

Diretta dal talentuoso Gus Van Sant, questa pellicola del 1997 lanciò nell'Olimpo hollywoodiano la coppia di amici Matt Damon - Ben Affleck (vincitori dell'Oscar per la sceneggiatura originale). In una delle sequenze ambientate in un bar di questa classica storia di riscatto sociale, sentiamo la ragazza di Will (Damon) ordinare un "altro Mai Tai", drink tropicale tornato in auge proprio alla fine degli anni Novanta anche grazie al film.

INGREDIENTI

rum chiaro 4,5 cl (1 ½ oz)
rum scuro 2,5 cl (¾ oz)
succo di lime o di limone 1,5 cl (½ oz)
Cointreau o triple sec 1,5 cl (½ oz)
sciroppo di orzata Mixer 1,5 cl (½ oz)

PREPARAZIONE

In un cilindro graduato (jigger) misurate 4,5 cl (1 ½ oz) di rum chiaro e versateli in uno shaker. Ripetete l'operazione con 2,5 cl (¾ oz) di rum scuro, 1,5 cl (½ oz) di Cointreau o triple sec, 1,5 cl (½ oz) di succo di lime o di limone e 1,5 cl (½ oz) di sciroppo di orzata. Aggiungete qualche cubetto di ghiaccio e agitate energicamente per alcuni secondi. Trattenendo il ghiaccio con un passino (strainer), versate in un tumbler alto colmo di ghiaccio e servite, decorando con ½ fetta d'ananas, 2 ciliegine da cocktail, un bel rametto di menta fresca e 2 cannucce lunghe.

USO CONSIGLIATO

Long drink che renderà piacevole ogni momento della vostra giornata.

GRADI ALCOLICI: 24,6
CALORIE: 172

MARY ANN

tecnica shake & strain

INGREDIENTI

rye whiskey o canadian whisky o whiskey americano 4,5 cl (1 ½ oz)
Amaretto Disaronno 2,5 cl (¾ oz)
Southern Comfort 3 cl (1 oz)

PREPARAZIONE

In un cilindro graduato (jigger) misurate 4,5 cl (1 ½ oz) di whisky e versateli in uno shaker. Ripetete l'operazione con 2,5 cl (¾ oz) di Amaretto Disaronno e 3 cl (1 oz) di Southern Comfort. Aggiungete dei cubetti di ghiaccio e agitate energicamente per qualche secondo e, trattenendo il ghiaccio con un passino (strainer), versate in una coppetta raffreddata in freezer. Servite, decorando con una ciliegina da cocktail.

USO CONSIGLIATO

Meraviglioso cocktail digestivo consigliato per la sera, a qualunque ora.

MERCEDES

tecnica build

GRADI ALCOLICI: 10,4
CALORIE: 112

INGREDIENTI

tequila 3 cl (1 oz)
Aperol 6 cl (2 oz)
frullato di fragola o purea di fragola Mixer 3 cl (1 oz)
succo di pompelmo 6 cl (2 oz)

PREPARAZIONE

In un cilindro graduato (jigger) misurate 3 cl (1 oz) di tequila e versateli in un tumbler alto colmo di ghiaccio. Ripetete l'operazione con 6 cl (2 oz) di Aperol, 6 cl (2 oz) di succo di pompelmo e 3 cl (1 oz) di frullato o purea di fragola. Mescolate energicamente per qualche secondo con un cucchiaino a manico lungo e servite, decorando con ½ fetta d'arancia, 2 fragole e 2 cannucce lunghe.

USO CONSIGLIATO

Ottimo aperitivo prima di una cena a base di piatti messicani.

GRADI ALCOLICI: 16,3
CALORIE: 228

MINT JULEP

tecnica build

IL PADRE DELLA SPOSA

In una divertente scena di questa pellicola del 1950 targata Vincente Minnelli, maestro indiscusso della commedia americana, il padre della sposa Stanley (Spencer Tracy) durante un rinfresco è impegnato a preparare numerosi Mint Julep che gli ospiti sembrano gradire particolarmente... Poco conosciuto fino ad allora, grazie al film il drink riscosse un enorme successo.

INGREDIENTI

whiskey americano 6 cl (2 oz)
zucchero bianco 20 gr (circa)
acqua minerale naturale 2,5 cl (¾ oz)
menta fresca 7 gr (circa)
angostura 2-3 gocce (dash)

PREPARAZIONE

In un tumbler basso adagiate 7 gr (circa) di foglie di menta fresca. Unite 20 gr (circa) di zucchero bianco, 4,5 cl (1 ½ oz) di whiskey e 2,5 cl (¾ oz) di acqua minerale naturale precedentemente misurati in un cilindro graduato (jigger). Mescolate con un cucchiaino a manico lungo, cercando di pressare le foglie di menta contro le pareti del tumbler. Colmate il bicchiere con ghiaccio preferibilmente tritato e terminate con altri 1,5 cl (½ oz) di whiskey precedentemente misurato in un cilindro graduato (jigger). Mescolate nuovamente per qualche secondo con il cucchiaino, quindi servite, decorando con 2 cannucce lunghe.

USO CONSIGLIATO

Ottimo drink per tutto il giorno.

ORANGE SPICY MOJITO

tecnica muddler

GRADI ALCOLICI: 11,2
CALORIE: 188

INGREDIENTI

rum chiaro o ambrato
6 cl (2 oz)
¼ arancia fresca
zucchero bianco
o di canna 20 gr (circa)
zenzero fresco
ginger beer 6 cl (2 oz)
menta fresca 7 gr (circa)

PREPARAZIONE

Adagiate ¼ di arancia tagliata a cubetti in un tumbler alto e aggiungete 20 gr (circa) di zucchero. Pestate il tutto con un pestello fino a ottenere una poltiglia. Aggiungete alcune fettine di zenzero e 7 gr (circa) di menta, pressando delicatamente il tutto contro il bicchiere. Colmate con ghiaccio tritato o a cubetti e unite 6 cl (2 oz) di rum precedentemente misurato in un cilindro graduato (jigger). Allungate fin quasi al bordo con 6 cl (2 oz) di ginger beer e mescolate il tutto con un cucchiaino a manico lungo, in modo che gli ingredienti si amalgamino al meglio. Servite, decorando con 1 rametto di menta fresca e 2 cannucce lunghe.

USO CONSIGLIATO

Drink eccellente da consumarsi la sera, ma sempre più richiesto anche come aperitivo.

GRADI ALCOLICI: 6,7
CALORIE: 72

ORIENTAL

tecnica shake & strain

INGREDIENTI

Marsala secco 6 cl (2 oz)
succo di limone o di lime 3 cl (1 oz)
sciroppo di zucchero Mixer 1,5 cl (½ oz)

PREPARAZIONE

In un cilindro graduato (jigger) misurate 6 cl (2 oz) di Marsala secco e versateli in uno shaker. Ripetete l'operazione con 3 cl (1 oz) di succo di limone o di lime e 1,5 cl (½ oz) di sciroppo di zucchero. Aggiungete alcuni cubetti di ghiaccio e agitate energicamente per qualche secondo. Trattenendo il ghiaccio con un passino (strainer), versate in una coppetta raffreddata in freezer e servite.

USO CONSIGLIATO

Particolarmente consigliato come digestivo.

PALM BEACH

tecnica shake & strain

GRADI ALCOLICI: 19,5
CALORIE: 160

INGREDIENTI

gin 4,5 cl (1 ½ oz)
bitter (consigliato il Bitter Campari) 4,5 cl (1 ½ oz)
succo d'ananas 9 cl (3 oz)

PREPARAZIONE

In un cilindro graduato (jigger) misurate 4,5 cl (1 ½ oz) di gin e versateli in uno shaker. Ripetete l'operazione con 4,5 cl (1 ½ oz) di bitter e 9 cl (3 oz) di succo di ananas. Aggiungete dei cubetti di ghiaccio e agitate energicamente per qualche secondo. Trattenendo il ghiaccio con un passino (strainer), versate il drink in un tumbler alto colmo di ghiaccio e servite, decorando con ½ fetta d'ananas, 2 ciliegine da cocktail e 2 cannucce lunghe.

USO CONSIGLIATO

Perfetto come aperitivo.

GRADI ALCOLICI: 10,5
CALORIE: 180

PIÑA COLADA

tecnica blender

INSIDE MAN

Cocktail fino ad allora un pelo dimenticato, deve il ritrovato successo in parte a questo thriller diretto da Spike Lee dallo script geniale. Incentrato su di una rapina in banca, durante una delle trattative tra rapinatori e negoziatori (Jodie Foster e Clive Owen), troviamo questa battuta riferita a un malvivente: "forse non berrà Piña Colada, ma si ritroverà in prigione a bere altro".

INGREDIENTI

rum chiaro 4,5 cl (1 ½ oz)
purea di cocco Mixer 3 cl (1 oz)
succo d'ananas 9 cl (3 oz)

PREPARAZIONE

In un cilindro graduato (jigger) misurate 4,5 cl (1 ½ oz) di rum e travasateli in un frullatore. Ripetete l'operazione con 9 cl (3 oz) di succo d'ananas e 3 cl (1 oz) di purea di cocco. Aggiungete ½ tumbler alto di ghiaccio tritato e frullate il tutto per 15-20 secondi. Versate nel tumbler e servite, decorando con ½ fetta d'ananas, 2 ciliegine da cocktail e 2 cannucce lunghe.

USO CONSIGLIATO

Goloso long drink consigliato a ogni ora del giorno.

PINK LADY

tecnica shake & strain

GRADI ALCOLICI: 16,6
CALORIE: 172

INGREDIENTI

gin 3 cl (1 oz)
Cointreau o triple sec 2,5 cl (¾ oz)
succo di limone o lime 2,5 cl (¾ oz)
sciroppo di granatina Mixer 1,5 cl (½ oz)

PREPARAZIONE

In un cilindro graduato (jigger) misurate 3 cl (1 oz) di gin e versateli in uno shaker. Ripetete l'operazione con 2,5 cl (¾ oz) di Cointreau o triple sec, 2,5 cl (¾ oz) di succo di limone o lime e 1,5 cl (½ oz) di sciroppo di granatina. Aggiungete alcuni cubetti di ghiaccio e agitate con forza per qualche secondo. Trattenendo il ghiaccio con un passino (strainer), servite in una coppetta da cocktail raffreddata in freezer.

USO CONSIGLIATO

Cocktail prettamente serale.

GRADI ALCOLICI: 6,4
CALORIE: 114

PINK ORANGE RED

tecnica build

INGREDIENTI

vermouth rosso 4,5 cl (1 ½ oz)
succo di pompelmo 6 cl (2 oz)

PREPARAZIONE

In un cilindro graduato (jigger) misurate 4,5 cl (1 ½ oz) di vermouth rosso e versateli in un tumbler basso colmo di ghiaccio. Ripetete l'operazione con 6 cl (2 oz) di succo di pompelmo e mescolate con un cucchiaino a manico lungo. Servite, decorando con 1 spicchio d'arancia, 1 ciliegina da cocktail, 1 rametto di ribes e 2 cannucce corte.

USO CONSIGLIATO

Gradevole aperitivo. Ottimo per tutto il giorno.

PLANTER'S PUNCH

GRADI ALCOLICI: 12,2
CALORIE: 164

tecnica shake & strain

IL DIAVOLO VESTE PRADA

Tra i personaggi più iconici degli ultimi decenni troviamo la tirannica Miranda Priestley (Meryl Streep) e la dolce Andrea Sachs (Anne Hathaway), protagoniste di questa commedia di successo targata 2006. È durante un vernissage che vediamo offrire agli invitati delle bowl di Planter's Punch, cocktail da allora divenuto celebre e associato all'eleganza del mondo della moda.

INGREDIENTI

rum scuro 4,5 cl (1 ½ oz)
succo di limone o di lime 0,75 cl (½ oz)
succo d'arancia 4 cl (1 ¼ oz)
succo d'ananas 4 cl (1 ¼ oz)
sciroppo di granatina Mixer 0,75 cl (½ oz)
sciroppo di zucchero Mixer 0,75 cl (½ oz)
angostura 2-3 gocce (dash)

PREPARAZIONE

In un cilindro graduato (jigger) misurate 4,5 cl (1 ½ oz) di rum scuro e versateli in uno shaker. Ripetete l'operazione con 4 cl (1 ¼ oz) di succo d'arancia, 4 cl (1 ¼ oz) di succo d'ananas, 0,75 cl (½ oz) di succo di limone o di lime, 0,75 cl (½ oz) di sciroppo di granatina, 0,75 cl (½ oz) di sciroppo di zucchero e 2-3 gocce (dash) di angostura. Aggiungete qualche cubetto di ghiaccio e agitate energicamente per alcuni secondi. Trattenendo il ghiaccio con un passino (strainer), versate in un tumbler alto colmo di ghiaccio. Mescolate il tutto con un cucchiaino a manico lungo e servite, decorando con 1 fetta d'arancia, 2 ciliegine da cocktail e 2 cannucce lunghe.

USO CONSIGLIATO

Simpatico drink da bere liberamente a tutte le ore del giorno.

PORTO MOJITO

tecnica muddler

INGREDIENTI

Porto bianco 4,5 cl (1 ½ oz)
zucchero bianco o di canna 20 gr (circa)
menta fresca 7 gr (circa)
½ lime
acqua minerale frizzante o soda 6 cl (2 oz)

PREPARAZIONE

Disponete in un tumbler alto ½ lime tagliato a cubetti. Aggiungete 20 gr (circa) di zucchero e pestate il tutto con un pestello, fino a ottenere una poltiglia. Aggiungete 7 gr (circa) di menta, pressandola delicatamente. Riempite il bicchiere con ghiaccio a cubetti o tritato e aggiungete 4,5 cl (1 ½ oz) di Porto bianco precedentemente misurati in un cilindro graduato (jigger). Allungate fino al bordo con 6 cl (2 oz) di acqua frizzante o soda. Con un cucchiaino a manico lungo mescolate per qualche secondo. Servite, decorando con 2 cannucce lunghe e 1 rametto di menta fresca.

USO CONSIGLIATO

Ottimo come aperitivo. Perfetto anche lungo tutta la serata.

GRADI ALCOLICI: 8,6
CALORIE: 102

PORTO WASSER

tecnica build

INGREDIENTI

purea di lampone Mixer 2,5 cl (¾ oz)
Porto bianco 3 cl (1 oz)
acqua minerale frizzante o soda 12 cl (4 oz)

PREPARAZIONE

In un cilindro graduato (jigger) misurate 2,5 (¾ oz) di purea di lampone e versatela in un tumbler alto colmo di ghiaccio. Ripetete l'operazione con 3 cl (1 oz) di Porto bianco. Allungate fin quasi al bordo con 12 cl (4 oz) di acqua frizzante o soda. Mescolate delicatamente con un cucchiaino a manico lungo e servite, decorando con 2 cannucce lunghe, ½ spicchio di limone e 2 ciliegine da cocktail.

USO CONSIGLIATO

Drink particolarmente dissetante e adatto a ogni momento del giorno.

GRADI ALCOLICI: 6,6
CALORIE: 68

RED CAIPI PORTO

tecnica muddler

GRADI ALCOLICI: 8,9
CALORIE: 98

INGREDIENTI

½ lime
zucchero bianco o di canna
20 gr (circa)
Porto rosso 6 cl (2 oz)

PREPARAZIONE

Disponete in un tumbler basso ½ lime tagliato a cubetti e 20 gr (circa) di zucchero. Schiacciate il tutto con un pestello, fino a ottenere una poltiglia. Riempite il bicchiere con ghiaccio a cubetti o tritato e aggiungete 6 cl (2 oz) di Porto rosso precedentemente misurati in un cilindro graduato (jigger). Mescolate per qualche secondo con un cucchiaino a manico lungo in modo da amalgamare al meglio gli ingredienti. Servite, decorando con 2 cannucce corte.

USO CONSIGLIATO

Ottimo come aperitivo o in qualsiasi momento della giornata.

RED PALM BEACH

tecnica shake & strain

INGREDIENTI

Porto rosso 4,5 cl (1 ½ oz)
bitter (consigliato il Bitter Campari) 3 cl (1 oz)
succo d'ananas 9 cl (3 oz)

PREPARAZIONE

In un cilindro graduato (jigger) misurate 4,5 cl (1 ½ oz) di Porto rosso e versateli in uno shaker. Ripetete l'operazione con 3 cl (1 oz) di bitter e 9 cl (3 oz) di succo d'ananas. Aggiungete dei cubetti di ghiaccio e agitate energicamente per qualche secondo. Trattenendo il ghiaccio con un passino (strainer), versate il drink in un tumbler alto colmo di ghiaccio e servite, decorando con ½ fetta d'ananas, 2 ciliegine da cocktail e 2 cannucce lunghe.

USO CONSIGLIATO

Ottimo come aperitivo. Consigliato anche lungo tutta la giornata.

GRADI ALCOLICI: 12,2
CALORIE: 104

SEA BREEZE

tecnica build

INGREDIENTI

vodka secca 4,5 cl (1 ½ oz)
succo di pompelmo 6 cl (2 oz)
succo di cranberry (mirtillo rosso californiano) 6 cl (2 oz)

PREPARAZIONE

In un cilindro graduato (jigger) misurate 4,5 cl (1 ½ oz) di vodka secca e versateli in un tumbler alto colmo di ghiaccio. Ripetete l'operazione con 6 cl (2 oz) di succo di pompelmo e 6 cl (2 oz) di succo di cranberry. Mescolate bene gli ingredienti con un cucchiaino a manico lungo e servite, decorando con 2 cannucce lunghe e 1 spicchio di limone.

USO CONSIGLIATO

Long drink da gustare in qualunque momento della giornata.

GRADI ALCOLICI: 12,2
CALORIE: 160

Indimenticabile protagonista di questo remake del 1992 è l'ex tenente colonnello Frank Slade, interpretato magistralmente da un Al Pacino da Oscar. Grande amante delle belle donne e delle auto sportive ma rimasto cieco, l'uomo alterna attacchi d'ira a momenti di poetica nostalgia. Durante il Giorno del Ringraziamento, Frank rievocherà al giovane accompagnatore Charlie Simms (Chris O'Donnell) le bevute giovanili di Sea Breeze.

GRADI ALCOLICI: 12,2
CALORIE: 145

SEX ON THE BEACH

tecnica shake & strain

INGREDIENTI

vodka secca 3 cl (1 oz)
liquore alla pesca 3 cl (1 oz)
succo d'arancia 6 cl (2 oz)
succo di cranberry (mirtillo rosso californiano) 6 cl (2 oz)

PREPARAZIONE

Versate in uno shaker 3 cl (1 oz) di vodka secca, 3 cl (1 oz) di liquore alla pesca, 6 cl (2 oz) di succo d'arancia e 6 cl (2 oz) di succo di cranberry precedentemente misurati in un cilindro graduato (jigger). Aggiungete alcuni cubetti di ghiaccio e agitate energicamente. Trattenendo il ghiaccio con un passino (strainer), versate il tutto in un tumbler alto colmo di ghiaccio. ervite, aggiungendo 2 cannucce lunghe e decorando a piacere con fette di agrumi.

USO CONSIGLIATO

Eccellente long drink da gustare nei momenti più caldi della giornata.

SINGAPORE SLING TWIST LIGHT

tecnica shake & strain

GRADI ALCOLICI: 14,3
CALORIE: 208

PAURA E DELIRIO A LAS VEGAS

Nel 1998 Terry Gilliam diresse questo folle adattamento del romanzo di Hunter S. Thompson. Protagonisti Johnny Depp e Benicio del Toro, scatenati in un road movie psichedelico tra droga e alcol, tanto che vediamo il primo bere in continuazione Singapore Sling, spesso con l'aggiunta di Mezcal. Dopo il film, il cocktail divenne amatissimo dai cinefili amanti del bere.

INGREDIENTI

gin 2,5 cl (¾ oz)
cherry brandy 2,5 cl (¾ oz)
Cointreau o triple sec 2,5 cl (¾ oz)
sciroppo di granatina Mixer 2,5 cl (¾ oz)
succo di limone o lime 1,5 cl (½ oz)
soda water o acqua minerale frizzante 6 cl (2 oz)

PREPARAZIONE

In un cilindro graduato (jigger) misurate 2,5 cl (¾ oz) di gin e versateli in uno shaker con del ghiaccio. Ripetete l'operazione con 2,5 cl (¾ oz) di cherry brandy, 2,5 cl (¾ oz) di Cointreau o triple sec, 2,5 cl (¾ oz) di sciroppo di granatina e 1,5 cl (½ oz) di succo di limone o lime. Agitate energicamente per qualche secondo e, trattenendo il ghiaccio con un passino (strainer), versate il tutto in un tumbler alto colmo di ghiaccio. Colmate fin quasi al bordo con 6 cl (2 oz) soda water o acqua minerale frizzante, mescolando successivamente con un cucchiaino a manico lungo. Servite, decorando con 2 cannucce lunghe, ½ fetta d'ananas e 2 ciliegine da cocktail.

USO CONSIGLIATO

Long drink adatto a tutte le ore della giornata.

GRADI ALCOLICI: 0
CALORIE: 60

SKIWASSER

tecnica build

INGREDIENTI

purea di lampone Mixer 1,5 cl (½ oz)
succo di limone o di lime 3 cl (1 oz)
soda water o acqua minerale frizzante 12 cl (4 oz)

PREPARAZIONE

In un cilindro graduato (jigger) misurate 1,5 cl (½ oz) di purea di lampone e versatelo in un tumbler alto colmo di ghiaccio. Ripetete l'operazione con 3 cl (1 oz) di succo di limone o lime, allungando fin quasi al bordo con soda water o acqua minerale frizzante. Mescolate delicatamente con un cucchiaino a manico lungo e servite, decorando con 2 cannucce lunghe, ½ fetta di limone e 2 ciliegine da cocktail.

USO CONSIGLIATO

Ottimo dissetante consigliato per tutto il periodo estivo.

TEQUILA SUNRISE

tecnica build

GRADI ALCOLICI: 12,6
CALORIE: 160

2012

Il filone dei film catastrofici ha riscosso sempre un enorme successo sia per l'utilizzo di avveniristici effetti visivi, sia perché ha rappresentato una valvola di sfogo tramite cui lo spettatore ha potuto esorcizzare i timori collettivi. In 2012 gli sfortunati passeggeri di una nave transoceanica intenti a gustare Tequila Sunrise saranno travolti da un'onda gigantesca.

INGREDIENTI

tequila 4,5 cl (1 ½ oz)
succo d'arancia 9 cl (3 oz)
sciroppo di granatina Mixer 1,5 cl (½ oz)

PREPARAZIONE

In un cilindro graduato (jigger) misurate 4,5 cl (1 ½ oz) di tequila e versateli in un tumbler alto colmo di ghiaccio. Ripetete l'operazione con 9 cl (3 oz) di succo d'arancia. Mescolate con un cucchiaio a manico lungo e adagiatelo poi sul bordo del bicchiere. Versateci 1,5 cl (½ oz) di sciroppo di granatina precedentemente misurata in un cilindro graduato (jigger), lasciandola scivolare lentamente attraverso il drink, fino a che non avrà raggiunto il fondo del tumbler, ottenendo così l'effetto di un sole che albeggia. Servite, decorando con ½ fetta d'arancia e 2 cannucce lunghe.

USO CONSIGLIATO

Long drink tra i più scenografici, particolarmente consigliato nei momenti di maggiore calura.

GRADI ALCOLICI: 12,6
CALORIE: 111

TOM COLLINS

tecnica build

TI PRESENTO I MIEI

Il burbero Jack Byrnes, interpretato da un inedito Robert De Niro in veste comica, è uno dei protagonisti di questa riuscita commedia campione d'incassi del 2000. Tre sono le cose a cui Jack non può resistere: smascherare con tutti i mezzi lo stralunato pretendente della figlia (Ben Stiller), viziare Sfigatto, altezzoso felino di famiglia e sorseggiare un buon Tom Collins, drink del quale l'uomo va matto.

INGREDIENTI

gin 4,5 cl (1½ oz)
succo di limone o lime 2,5 cl (¾ oz)
sciroppo di zucchero Mixer 1,5 cl (½ oz)
soda o acqua minerale frizzante 6 cl (2 oz)

PREPARAZIONE

In un cilindro graduato (jigger) misurate 4,5 cl (1½ oz) di gin e versateli in un tumbler alto colmo di ghiaccio. Ripetete l'operazione con 2,5 cl (¾ oz) di succo di limone o lime e 1,5 cl (½ oz) di sciroppo di zucchero. Allungate fin quasi al bordo con 6 cl (2 oz) di soda o acqua minerale frizzante. Mescolate il tutto con un cucchiaio a manico lungo e servite, decorando con fette di limone, 2 ciliegine da cocktail e 2 cannucce lunghe.

USO CONSIGLIATO

Ottimo drink dissetante, adatto a ogni momento della giornata.

TURQUOISE BLUE

tecnica shake & strain

GRADI ALCOLICI: 16,6
CALORIE: 152

COCKTAIL

Pellicola per antonomasia sul mondo dei cocktail interpretata da un giovanissimo Tom Cruise nei panni di Brian Flanagan, ambizioso barista acrobatico. Il Turquoise Blue *è uno dei numerosi drink che il ragazzo prepara in questo film generazionale che nel 1988 ispirò i barman di mezzo mondo, sdoganando nell'immaginario collettivo il coreografico Flair Bartending.*

INGREDIENTI

rum chiaro 2,5 cl (¾ oz)
Cointreau o triple sec 2,5 cl (¾ oz)
Blue Curaçao 2,5 cl (¾ oz)
succo d'ananas 9 cl (3 oz)
succo di limone o lime 1,5 cl (½ oz)

PREPARAZIONE

In un cilindro graduato (jigger) misurate 2,5 cl (¾ oz) di rum chiaro e versateli in uno shaker. Ripetete l'operazione con 2,5 cl (¾ oz) di Cointreau o triple sec, 2,5 cl (¾ oz) di Blue Curaçao, 9 cl (3 oz) di succo d'ananas e 1,5 cl (½ oz) di succo di limone o lime. Aggiungete alcuni cubetti di ghiaccio e agitate con forza per qualche secondo. Trattenendo il ghiaccio con un passino (strainer), versate in un tumbler alto colmo di ghiaccio e servite, decorando con ½ fetta d'ananas, 2 ciliegine da cocktail e 2 cannucce lunghe.

USO CONSIGLIATO

Long drink perfetto a ogni ora.

VERMOUTH FRUITS

tecnica build

INGREDIENTI

vermouth dry 4 cl (1 ¼ oz)
succo d'arancia 6 cl (2 oz)
succo di pompelmo 6 cl (2 oz)

PREPARAZIONE

In un cilindro graduato (jigger) misurate 4 cl (1 ¼ oz) di vermouth dry e versateli in un tumbler alto colmo di ghiaccio. Ripetete l'operazione con 6 cl (2 oz) di succo d'arancia e con 6 cl (2 oz) di succo di pompelmo. Mescolate con un cucchiaino a manico lungo e servite, decorando con 1 fetta d'ananas e 1 ciliegina da cocktail.

USO CONSIGLIATO

Ottimo aperitivo agrumato. Buono per tutto il giorno.

GRADI ALCOLICI: 9,7
CALORIE: 57

Tony Montana (Al Pacino) e Manny Ribera (Steven Bauer) sono i gangster cubani protagonisti del noir diretto nel 1980 da Brian De Palma. Mentre pianificano la loro ascesa a Miami, li vediamo gustare numerosi drink caraibici, tra i quali spicca la Virgin Colada. Dopo Scarface *nei locali tornerà in auge il servire questi drink direttamente in un frutto scavato come cocco o melone.*

VIRGIN COLADA (PIÑITA COLADA)

tecnica blender

INGREDIENTI

succo d'ananas 12 cl (4 oz)
purea di cocco Mixer 3 cl (1 oz)
crema di latte (panna) 2,5 cl (¾ oz)

PREPARAZIONE

In un cilindro graduato (jigger) misurate 12 cl (4 oz) di succo d'ananas e travasateli in un frullatore. Ripetete l'operazione con 2,5 cl (¾ oz) di crema di latte (panna) e 3 cl (1 oz) di purea di cocco. Aggiungete ½ tumbler alto di ghiaccio tritato e frullate per 15-20 secondi. Versate nel tumbler e servite, decorando con ¼ di fetta d'ananas, 2 ciliegine da cocktail e 2 cannucce lunghe.

USO CONSIGLIATO

Long drink analcolico, energetico e dal sapore gradevolissimo, consigliato anche la mattina per colazione.

GRADI ALCOLICI: 0
CALORIE: 234

GRADI ALCOLICI: 0
CALORIE: 92

VIRGIN MOJITO

tecnica muddler

INGREDIENTI

½ lime
menta fresca 7 gr (circa)
zucchero bianco o di canna 20 gr (circa)
bibita analcolica al limone o Ginger Ale 12 cl (4 oz)

PREPARAZIONE

Adagiate ½ lime tagliato a cubetti in un tumbler alto e aggiungete 20 gr (circa) di zucchero. Pestate il tutto con un pestello fino a ottenere una poltiglia. Aggiungete 7 gr (circa) di menta e pressate leggermente contro il bicchiere. Colmate con ghiaccio tritato o a cubetti e allungate fino al bordo con 12 cl (4 oz) di una bibita analcolica al limone o del Ginger Ale precedentemente misurati in un cilindro graduato (jigger). Mescolate il tutto con un cucchiaino a manico lungo, in modo che gli ingredienti si amalgamino al meglio. Servite, decorando con 1 rametto di menta fresca e 2 cannucce lunghe.

USO CONSIGLIATO

Bevanda rinfrescante da gustare in qualunque momento della serata, adatta anche ai giovanissimi.

WHISKY COBBLER

GRADI ALCOLICI: 12,8
CALORIE: 172

tecnica build

INGREDIENTI

whiskey americano 4,5 cl (1½ oz)
sciroppo di granatina Mixer 1,5 cl (½ oz)
Ginger Ale 6 cl (2 oz)
macedonia fresca di stagione 60 gr (circa)

PREPARAZIONE

In un cilindro graduato (jigger) misurate 4,5 cl (1½ oz) di whiskey e versateli in un tumbler alto. Ripetete l'operazione con 1,5 cl (½ oz) di sciroppo di granatina e 6 cl (2 oz) di Ginger Ale. Unite 60 gr (circa) di macedonia fresca di stagione, colmando successivamente fin quasi al bordo con ghiaccio tritato. Mescolate con un cucchiaino a manico lungo e servite, decorando con 1 stecchino lungo e 2 cannucce lunghe.

USO CONSIGLIATO

Long drink a basso tenore alcolico e dall'aspetto festoso. Ottimo da assaporare nell'arco di tutta la giornata.

WHISKY SLING

tecnica build

INGREDIENTI

whiskey americano 4,5 cl (1 ½ oz)
zucchero bianco 20 gr (circa)
succo di limone o lime 3 cl (1 oz)
soda water o acqua minerale frizzante 9 cl (3 oz)

PREPARAZIONE

In un cilindro graduato (jigger) misurate 4,5 cl (1 ½ oz) di whiskey e versateli in un tumbler alto colmo di ghiaccio. Ripetete l'operazione con 3 cl (1 oz) di succo di limone o lime. Unite 20 gr (circa) di zucchero bianco e colmate fin quasi al bordo del bicchiere con della soda water o dell'acqua minerale frizzante. Mescolate per qualche secondo con un cucchiaino a manico lungo e servite, decorando con 2 ciliegine da cocktail, ½ fetta di limone e 2 cannucce lunghe.

USO CONSIGLIATO

Long drink ideale da gustare a ogni ora del giorno e della sera.

GRADI ALCOLICI: 12,2
CALORIE: 186

WHITE WINE MOJITO

tecnica muddler

INGREDIENTI

Vermentino 6 cl (2 oz)
zucchero bianco o di canna 20 gr (circa)
menta fresca 7 gr (circa)
½ lime
acqua minerale frizzante o soda 6 cl (2 oz)

PREPARAZIONE

Disponete in un tumbler alto ½ lime tagliato a cubetti. Aggiungete 20 gr (circa) di zucchero e pestate il tutto con un pestello, fino a ottenere una poltiglia. Aggiungete 7 gr (circa) di foglie di menta, pressando delicatamente. Riempite il bicchiere con ghiaccio a cubetti o tritato e aggiungete 6 cl (2 oz) di Vermentino, allungando poi fino al bordo con 6 cl (2 oz) di acqua frizzante o soda precedentemente misurati in un cilindro graduato (jigger). Con un cucchiaino a manico lungo mescolate per qualche secondo e servite, decorando con 2 cannucce lunghe e 1 rametto di menta fresca.

USO CONSIGLIATO

Favoloso aperitivo dissetante.

GRADI ALCOLICI: 6,8
CALORIE: 168

WILD RED

tecnica build

INGREDIENTI

vermouth rosso 2,5 cl (¾ oz)
vodka secca 4 cl (1¼ oz)
succo di frutti di bosco 3 cl (1 oz)
succo di limone o lime 3 cl (1 oz)
gazzosa 3 cl (1 oz)

PREPARAZIONE

In un cilindro graduato (jigger) misurate 2,5 cl (¾ oz) di vermouth rosso e versateli in un tumbler alto colmo di ghiaccio. Ripetete l'operazione con 4 cl (1¼ oz) di vodka secca, 3 cl (1 oz) di succo di frutti di bosco, 3 cl (1 oz) di succo di limone o lime e 3 cl (1 oz) di gazzosa. Mescolate con un cucchiaino a manico lungo e servite, decorando con frutti di bosco.

USO CONSIGLIATO

Gustoso aperitivo dissetante adatto a tutti i momenti della giornata.

GRADI ALCOLICI: 12,6
CALORIE: 148

WINE LEMON

tecnica build

INGREDIENTI

Pinot grigio 4,5 cl (1½ oz)
bibita al limone 12 cl (4 oz)

PREPARAZIONE

In un cilindro graduato (jigger) misurate 4,5 cl (1½ oz) di Pinot grigio e versateli in un tumbler alto colmo di ghiaccio. Allungate fin quasi all'orlo con 12 cl (4 oz) di bibita al limone e servite, decorando con 2 cannucce lunghe, riccioli di scorzetta di limone e alcuni acini di uva bianca.

USO CONSIGLIATO

Dissetante e perfetto in ogni momento della giornata.

GRADI ALCOLICI: 6,5
CALORIE: 72

GRADI ALCOLICI: 6,8
CALORIE: 98

WINE MULE

tecnica build

INGREDIENTI

vino bianco Terre di Franciacorta 4,5 cl (1 ½ oz)
ginger beer 9 cl (3 oz)

PREPARAZIONE

In un cilindro graduato (jigger) misurate 4,5 cl (1 ½ oz) di vino bianco Terre di Franciacorta e versateli in un tumbler basso o in un mug di latta colmi di ghiaccio. Ripetete l'operazione con 9 cl (3 oz) di ginger beer. Mescolate il tutto per qualche secondo con un cucchiaino a manico lungo e servite, decorando con 2 spicchi di lime e alcuni acini di uva bianca tagliati a metà.

USO CONSIGLIATO

Ottimo aperitivo. Buono per tutto il giorno.

ZOMBIE

tecnica shake & pour o blender

GRADI ALCOLICI: 24,8
CALORIE: 246

INGREDIENTI

rum chiaro 4,5 cl (1 ½ oz)
rum scuro 4,5 cl (1 ½ oz)
rum scuro 75 gradi 3 cl (1 oz)
succo di lime 3 cl (1 oz)
succo di pompelmo 1,5 cl (½ oz)
sciroppo di cannella Mixer 1,5 cl (½ oz)
sciroppo di Falernum 1,5 cl (½ oz)
angostura 1 goccia (dash)
Pernod 5-6 gocce (dash)
sciroppo di granatina Mixer 0,75 cl (¼ oz)

PREPARAZIONE

In un cilindro graduato (jigger) misurate 4,5 cl (1 ½ oz) di rum chiaro e versateli in un frullatore (blender) o in uno shaker. Ripetete l'operazione con 4,5 cl (1 ½ oz) di rum scuro, 3 cl (1 oz) di succo di lime, 1,5 cl (½ oz) di succo di pompelmo, 1,5 cl (½ oz) di sciroppo di cannella Mixer, 1,5 cl (½ oz) di sciroppo di Falernum e 0,75 cl (¼ oz) di sciroppo di granatina. Unite 1 goccia (dash) di angostura e 5-6 gocce (dash) di Pernod e frullate o agitate per qualche secondo senza ghiaccio. Versate il tutto in un tumbler alto o in un tiki mug colmi di ghiaccio preferibilmente tritato. In un cilindro graduato (jigger) misurate infine 3 cl (1 oz) di rum scuro 75 gradi e, con l'aiuto di un cucchiaino, versateli delicatamente nel bicchiere, in modo che il rum rimanga in superficie. Servite.

USO CONSIGLIATO

Long drink amatissimo dalle nuove generazioni. Da gustare con molta moderazione.

HAPPY HOUR COCKTAILS

La pratica dell'Happy Hour nacque in Inghilterra nei primi anni '80. Furono i pub londinesi a partorire l'idea di servire due drink al prezzo di uno durante una fascia oraria definita e gli inglesi risposero entusiasti, decretandone il successo.
Oggi l'Happy Hour si è molto evoluta. Se nei primi anni a dominare la scena erano birra e aperitivi monodose, in breve tempo i cocktail ne sono diventati i protagonisti indiscussi.
I drink aperitivi secchi, dal valore alcolico piuttosto elevato e serviti in coppetta, negli anni hanno lasciato il posto a drink aromatizzati dall'aggiunta di liquori dolci profumati (Peach Tree, Cointreau, Mandarinetto Isolabella) e succhi di frutta classici (arancia, pompelmo, ananas) o esotici (cranberry, maracujá, passion fruit). L'utilizzo delle bibite gassate come cola, tonica e soda ha contribuito ad alleggerire la gradazione alcolica dei drink. Anche dal punto di vista gastronomico, l'Happy Hour ha seguito una naturale evoluzione. Se inizialmente la proposta si limitava a noccioline, patatine e sottaceti, oggi essa tende sempre più alla varietà: da graziosi finger-food, a vere e proprie pietanze riscaldate.
La collocazione oraria è decisamente mutata, passando da un tassativo 17-18:30, a un più ampio 19-22, favorendo così il relax e l'aggregazione. Nei Paesi sudamericani sono diffusi whisky e distillati come il rum, il pisco e la cachaça, mentre in Francia si degustano champagne, vini bianchi e secchi, liquori come il Pastis o il Ricard o tutte le varianti del Kir. Gli spagnoli accompagnano i vini di sherry o la birra con le tradizionali tapas. Gli inglesi restano legati alla tradizionale birra, ma apprezzati sono anche il Porto e il Gin Tonic, divenuto in tutta Europa un must nell'ultimo decennio, dove hanno proliferato con successo gin bar e gintonerie specializzate nella miscelazione di gin e acqua tonica. Gli americani restano gli estimatori per eccellenza del bere miscelato. In Italia, infine, l'Happy Hour ha investito molto sull'accompagnamento gastronomico, assurgendo al ruolo di vera e propria alternativa alla cena.

HAPPY HOUR COCKTAILS

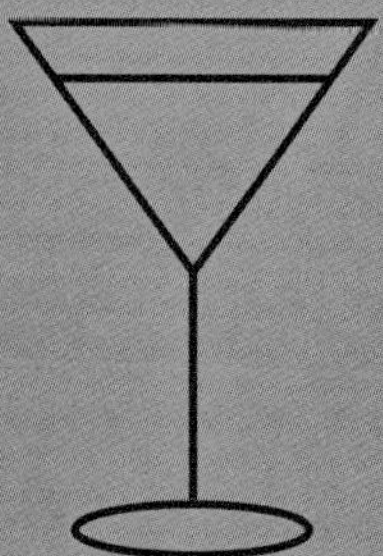

GRADI ALCOLICI: 6,8
CALORIE: 151

150

ecnica build

NGREDIENTI

Marsala secco 6 cl (2 oz)
iore di sambuco Mixer 3 cl (1 oz)
acqua minerale frizzante o soda
6 cl (2 oz)

PREPARAZIONE

n un cilindro graduato (jigger) misurate 6 cl (2 oz) di Marsala secco e versatelo in un bicchiere da vino con alcuni cubetti di ghiaccio. Ripetete l'operazione con 3 cl (1 oz) di fiore di sambuco e 6 cl (2 oz) di acqua minerale frizzante o soda. Mescolate delicatamente il tutto per qualche secondo con un cucchiaino a manico lungo e servite, decorando con 1 fetta di limone, 1 rametto di menta e alcuni acini di uva bianca tagliati a metà.

USO CONSIGLIATO

Ottimo come aperitivo. Buono a qualunque ora.

ADONIS

tecnica shake & strain

INGREDIENTI

Sherry secco 6 cl (2 oz)
vermouth rosso 3 cl (1 oz)
2-3 gocce (dash) di orange bitter
o Cointreau

PREPARAZIONE

In un cilindro graduato (jigger) misurate 6 cl (2 oz) di Sherry secco e versateli in uno shaker. Ripetete l'operazione con 3 cl (1 oz) di vermouth rosso e 2-3 gocce dash di orange bitter o Cointreau. Aggiungete alcuni cubetti di ghiaccio e agitate energicamente per qualche secondo. Trattenendo il ghiaccio con un passino (strainer), versate in una coppetta raffreddata in freezer e servite, decorando con 1 scorzetta d'arancia.

USO CONSIGLIATO

Ottimo come aperitivo, ma particolarmente apprezzato pure nei momenti serali.

GRADI ALCOLICI: 6,8
CALORIE: 62

GRADI ALCOLICI: 9,7
CALORIE: 57

AMERICANO

tecnica build

INGREDIENTI

bitter (consigliato il Bitter Campari) 3 cl (1 oz)
vermouth rosso 3 cl (1 oz)
soda water o acqua minerale frizzante 3 cl (1 oz)

PREPARAZIONE

In un cilindro graduato (jigger) misurate 3 cl (1 oz) di bitter e versateli in un tumbler basso colmo di ghiaccio. Ripetete l'operazione con 3 cl (1 oz) di vermouth rosso. Allungate fin quasi al bordo con 3 cl (1 oz) soda water o acqua minerale frizzante. Mescolate delicatamente il tutto con un cucchiaino a manico lungo e servite, decorando con ½ fetta d'arancia e della scorzetta di limone (è possibile vaporizzare delicatamente il drink con l'olio emanato dalla scorza dell'agrume).

USO CONSIGLIATO

Eccellente aperitivo.

APEROL BIT ORANGE

tecnica shake & strain

GRADI ALCOLICI: 12,6
CALORIE: 97

INGREDIENTI

Aperol 4,5 cl (1½ oz)
bitter (consigliato il Bitter Campari) 1,5 cl (½ oz)
succo d'arancia 9 cl (3 oz)
Mandarinetto Isolabella 3 cl (1 oz)

PREPARAZIONE

In un cilindro graduato (jigger) misurate 4,5 cl (1½ oz) di Aperol e versateli in uno shaker. Ripetete l'operazione con 9 cl (3 oz) di succo d'arancia, 1,5 cl (½ oz) di bitter e 3 cl (1 oz) di Mandarinetto Isolabella. Agitate energicamente per qualche secondo e, trattenendo il ghiaccio con un passino (strainer), versate il tutto in un tumbler alto colmo di ghiaccio. Servite, decorando con ½ fetta d'arancia, ½ fetta di pompelmo, ½ fetta di lime e 2 cannucce lunghe.

USO CONSIGLIATO

Ottimo come aperitivo, ma indicato anche per altri momenti della giornata.

GRADI ALCOLICI: 9,8
CALORIE: 96

APEROL CRODO

tecnica shake & strain

INGREDIENTI

Aperol 3 cl (1 oz)
liquore alla pesca 2,5 cl (¾ oz)
bitter (consigliato il Bitter Campari) 1,5 cl (½ oz)
Crodino 9 cl (3 oz)

PREPARAZIONE

In un cilindro graduato (jigger) misurate 3 cl (1 oz) di Aperol e versateli in uno shaker. Ripetete l'operazione con 2,5 cl (¾ oz) di liquore alla pesca e 1,5 cl (½ oz) di bitter. Agitate per qualche secondo e, trattenendo il ghiaccio con un passino (strainer), versate il tutto in un tumbler alto colmo di ghiaccio. Allungate fin quasi al bordo con 9 cl (3 oz) di Crodino. Mescolate delicatamente e servite, decorando con ½ fetta d'arancia, 3 cubetti di lime, 2 ciliegine da cocktail e 2 cannucce lunghe.

USO CONSIGLIATO

Fantastico come aperitivo, ma comunque ottimo da sorseggiare in qualunque momento della giornata.

APPLE MOJITO

tecnica muddler

GRADI ALCOLICI: 11,2
CALORIE: 142

INGREDIENTI

liquore alla mela 6 cl (2 oz)
menta fresca 7 gr (circa)
½ lime
zucchero bianco o di canna
20 gr (circa)
soda water o acqua minerale
frizzante 6 cl (2 oz)

PREPARAZIONE

Adagiate ½ lime tagliato a cubetti in un tumbler alto e aggiungete (20 gr circa) di zucchero. Pestate il tutto con un pestello fino a ottenere una poltiglia. Aggiungete 7 gr (circa) di menta fresca e pressate leggermente. Colmate il bicchiere con ghiaccio tritato o a cubetti e versatevi 6 cl (2 oz) di liquore alla mela precedentemente misurato in un cilindro graduato (jigger). Allungate fin quasi al bordo con soda water o acqua minerale frizzante, mescolando successivamente il tutto con un cucchiaino a manico lungo, in modo che gli ingredienti si amalgamino al meglio. Servite, decorando con rametti di menta fresca e 2 cannucce lunghe.

USO CONSIGLIATO

Ideale da gustare lungo tutto l'arco della serata.

GRADI ALCOLICI: 6,8
CALORIE: 72

BEETHOVEN

tecnica build

INGREDIENTI

pestato di frutti di bosco 4,5 cl (1 ½ oz)
spumante brut o Champagne 12 cl (4 oz)

PREPARAZIONE

In un cilindro graduato (jigger) misurate 4,5 cl (1 ½ oz) di pestato di frutti di bosco (prendete more, lamponi e mirtilli e pestateli in un contenitore fino a renderli poltiglia) e versateli in una coppetta raffreddata in freezer o in un bicchiere da vino. Allungate fin quasi al bordo con 12 cl (4 oz) di spumante brut o Champagne ben freschi. Mescolate delicatamente con un cucchiaino a manico lungo e servite decorando con il ribes.

USO CONSIGLIATO

Perfetto a tutte le ore.

BELLINI

tecnica build

GRADI ALCOLICI: 5,5
CALORIE: 48

MISSION IMPOSSIBLE 2

Tra gli aperitivi più apprezzati, il Bellini, creato nel 1948 all'Harry's Bar a Venezia in onore del pittore Giovanni Bellini, viene citato nel secondo capitolo della saga che vede come protagonista lo spericolato agente segreto Ethan Hunt (Tom Cruise). Grazie all'enorme successo di questa pellicola del 2000, questo delicato drink al sapore di pesca conobbe una sorprendente diffusione in tutti gli Stati Uniti.

INGREDIENTI

frullato di pesca 4,5 cl (1 ½ oz)
spumante brut o Champagne 12 cl (4 oz)

PREPARAZIONE

In un cilindro graduato (jigger) misurate 4,5 cl (1 ½ oz) di frullato di pesca e versateli in una coppetta raffreddata in freezer o in un bicchiere da vino. Allungate fin quasi al bordo con 12 cl (4 oz) di spumante brut o Champagne ben freschi. Mescolate delicatamente con un cucchiaino a manico lungo e servite.

USO CONSIGLIATO

Ottimo aperitivo.

GRADI ALCOLICI: 13
CALORIE: 180

BITTER MOJITO

tecnica muddler

INGREDIENTI

bitter (consigliato il bitter Campari) 4,5 cl (1 ½ oz)
¼ arancia fresca
zucchero bianco o di canna 20 gr (circa)
spumante brut 9 cl (3 oz)
menta fresca 7 gr (circa)

PREPARAZIONE

Adagiate ¼ di arancia tagliata a cubetti in un tumbler alto e aggiungete 20 gr (circa) di zucchero. Pestate il tutto con un pestello fino a ottenere una poltiglia. Aggiungete 7 gr (circa) di menta fresca e pressate leggermente. Colmate il bicchiere con ghiaccio tritato o a cubetti e unite 4,5 cl (1 ½ oz) di bitter precedentemente misurato in un cilindro graduato (jigger). Allungate fin quasi al bordo con 9 cl (3 oz) di spumante brut fresco precedentemente misurato in un cilindro graduato (jigger) e mescolate il tutto con un cucchiaino a manico lungo, in modo che gli ingredienti si amalgamino al meglio. Servite, decorando con 1 rametto di menta fresca e 2 cannucce lunghe.

USO CONSIGLIATO

Eccellente come aperitivo.

BOMBAY

tecnica shake & strain

GRADI ALCOLICI: 18,6
CALORIE: 156

INGREDIENTI

cognac o brandy 2,5 cl (¾ oz)
vermouth rosso 2,5 cl (¾ oz)
vermouth dry 3 cl (1 oz)
Cointreau o triple sec 2,5 cl (¾ oz)
Pernod o Ricard 0,5 cl (⅙ oz)

PREPARAZIONE

In un cilindro graduato (jigger) misurate 2,5 cl (¾ oz) di cognac o brandy e versateli in uno shaker. Ripetete l'operazione con 3 cl (1 oz) di vermouth dry, 2,5 cl (¾ oz) di vermouth rosso, 2,5 cl (¾ oz) di Cointreau o triple sec e 0,5 cl (⅙ oz) di Pernod o Ricard. Aggiungete alcuni cubetti di ghiaccio e agitate energicamente per qualche secondo. Trattenendo il ghiaccio con un passino (strainer), versate in una coppetta raffreddata in freezer e servite.

USO CONSIGLIATO

Ottimo come aperitivo, ma delizioso da gustare anche la sera.

GRADI ALCOLICI: 21
CALORIE: 128

BOULEVARDIER

tecnica stir & strain

INGREDIENTI

bourbon whisky 3 cl (1 oz)
vermouth rosso 3 cl (1 oz)
bitter (consigliato il Bitter Campari) 3 cl (1 oz)

PREPARAZIONE

In un cilindro graduato (jigger) misurate 3 cl (1 oz) di bourbon whisky e versateli in una caraffa trasparente (mixing glass). Ripetete l'operazione con 3 cl (1 oz) di vermouth rosso e 3 cl (1 oz) di bitter. Unite dei cubetti di ghiaccio, mescolando successivamente il tutto con un cucchiaino a manico lungo. Trattenendo il ghiaccio con un passino (strainer), versate in una coppetta da cocktail raffreddata in freezer e servite, decorando con 2 ciliegine da cocktail.

USO CONSIGLIATO

Ottimo aperitivo.

BRONX

tecnica shake & strain

GRADI ALCOLICI: 16,2
CALORIE: 126

INGREDIENTI

gin 3 cl (1 oz)
vermouth rosso 2,5 cl (¾ oz)
vermouth dry 1,5 cl (½ oz)
spremuta d'arancia 2,5 cl (¾ oz)

PREPARAZIONE

In un cilindro graduato (jigger) misurate 3 cl (1 oz) di gin e versateli in uno shaker. Ripetete l'operazione con 2,5 cl (¾ oz) di vermouth rosso, 1,5 cl (½ oz) di vermouth dry e 2,5 cl (¾ oz) di spremuta d'arancia. Aggiungete alcuni cubetti di ghiaccio e agitate energicamente il tutto per qualche secondo. Trattenendo il ghiaccio con un passino (strainer), versate in una coppetta precedentemente raffreddata in freezer e servite.

USO CONSIGLIATO

Eccezionale durante l'aperitivo.

GRADI ALCOLICI: 15,4
CALORIE: 101

CANNES

tecnica shake & strain

INGREDIENTI

brandy o cognac 2,5 cl (¾ oz)
vermouth dry 3 cl (1 oz)
bitter (consigliato il Bitter Campari) 1,5 (½ oz)
succo d'arancia 3 cl (1 oz)

PREPARAZIONE

In un cilindro graduato (jigger) misurate 2,5 cl (¾ oz) di cognac o brandy e versateli in uno shaker. Ripetete l'operazione con 3 cl (1 oz) di vermouth dry, 1,5 (½ oz) di bitter e 3 cl (1 oz) di succo d'arancia. Aggiungete dei cubetti di ghiaccio e agitate energicamente per alcuni secondi. Trattenendo il ghiaccio con un passino (strainer), versate il cocktail in una coppetta raffreddata in freezer e servite, decorando con 1/2 fetta d'arancia e 2 ciliegine da cocktail.

USO CONSIGLIATO

Cocktail perfetto per l'aperitivo.

CARDINALE

tecnica stir & strain

GRADI ALCOLICI: 19,6
CALORIE: 178

INGREDIENTI

gin 4,5 cl (1 ½ oz)
bitter (consigliato il Bitter Campari) 1,5 cl (½ oz)
vermouth dry 2,5 cl (¾ oz)

PREPARAZIONE

In un cilindro graduato (jigger) misurate 4,5 cl (1 ½ oz) di gin e versatelo in una caraffa trasparente (mixing glass). Ripetete l'operazione con 2,5 cl (¾ oz) di vermouth dry e 1,5 cl (½ oz) di bitter. Aggiungete alcuni cubetti di ghiaccio e mescolate con un cucchiaino a manico lungo per alcuni secondi. Trattenendo il ghiaccio con un passino (strainer), servite il drink in una coppetta da cocktail precedentemente raffreddata in freezer.

USO CONSIGLIATO

Perfetto come aperitivo.

GRADI ALCOLICI: 13,6
CALORIE: 152

CASABLANCA

Ambientato durante la Seconda Guerra Mondiale, Casablanca rimane tutt'oggi il film d'amore per eccellenza, dove un uomo sacrifica la propria felicità, in cambio della salvezza dell'amata. Indimenticabili Humphrey Bogart e Ingrid Bergman. Leggendario il Rick's Café Américain, *crocevia di destini incerti e traffici illegali dalla musica di pianoforte in sottofondo. Vetrina di numerosi drink come il Cocktail Champagne (fino ad allora considerato di nicchia), divenuto celebre grazie a questo gioiello del 1942.*

COCKTAIL CHAMPAGNE

tecnica build

INGREDIENTI

brandy o cognac 1,5 cl (½ oz)
Champagne o spumante brut (metodo classico) 9 cl (3 oz)
1 zolletta di zucchero
Grand Marnier 1,5 cl (½ oz)
angostura 2-3 gocce (dash)

PREPARAZIONE

Adagiate in una coppetta (o calice da vino) raffreddata in freezer 1 zolletta di zucchero, inumidendola con 2-3 gocce (dash) di angostura. Aggiungete 1,5 cl (½ oz) di brandy o cognac e 1,5 cl (½ oz) di Grand Marnier precedentemente misurati in un cilindro graduato (jigger). Ripetete l'operazione con 9 cl (3 oz) di Champagne o spumante brut molto freschi. Mescolate delicatamente il tutto con un cucchiaino a manico lungo e servite, decorando con ½ fetta d'arancia e 1 ciliegina da cocktail.

USO CONSIGLIATO

Raffinato all'ora dell'aperitivo. Ottimo in ogni momento.

CONTE DOURO

tecnica build

INGREDIENTI

gin 3 cl (1 oz)
Porto rosso 3 cl (1 oz)
bitter (consigliato il Bitter Campari) 3 cl (1 oz)

PREPARAZIONE

In un cilindro graduato (jigger) misurate 3 cl (1 oz) di gin e versate il tutto in un tumbler basso colmo di ghiaccio. Ripetete l'operazione con 3 cl (1 oz) di Porto rosso e 3 cl (1 oz) di bitter. Mescolate il tutto per qualche secondo con un cucchiaino a manico lungo e servite, decorando con ½ fetta d'arancia.

USO CONSIGLIATO

Fantastica alternativa al classico Negroni.

GRADI ALCOLICI: 17,4
CALORIE: 118

GRADI ALCOLICI: 17,2
CALORIE: 169

DIRTY MARTINI

tecnica stir & strain

IRON MAN

Clamoroso successo del 2008 e capostipite di numerosi blockbuster incentrati su personaggi della Marvel Comics come The Avengers, Thor *e* Capitan America. *Nell'action movie l'affascinante Tony Stark (Robert Downey Jr.) ordina durante un party due Dirty Martin per sé e per la bella fidanzata Pepper Potts (Gwyneth Paltrow). Il cocktail beneficiò del successo di* Iron Man, *diventando popolare tra gli amanti del bere di tendenza.*

INGREDIENTI

vodka secca 6 cl (2 oz)
vermouth dry 1,5 cl (½ oz)
salamoia di olive 0,5 cl (⅙ oz)

PREPARAZIONE

In un cilindro graduato (jigger) misurate 6 cl (2 oz) di vodka secca e versateli in una caraffa trasparente (mixing glass). Ripetete l'operazione con 1,5 cl (½ oz) di vermouth, 0,5 cl (⅙ oz) di salamoia di olive e aggiungete diversi cubetti di ghiaccio. Mescolate con un cucchiaino a manico lungo e, trattenendo il ghiaccio con un passino (strainer), versate il tutto in una coppetta da cocktail precedentemente raffreddata in freezer. Servite, decorando con 3-4 olive verdi (sciacquate sotto l'acqua corrente per eliminare la salamoia) infilzate su 1 stecchino lungo e 1 ricciolo di scorzetta di limone.

USO CONSIGLIATO

Elegante aperitivo dalla forte personalità.

EVERYDAY

tecnica build

INGREDIENTI

vermouth bianco 4,5 cl (1 ½ oz)
bitter (consigliato il Bitter Campari) 1,5 cl (½ oz)
vodka secca 3 cl (1 oz)

PREPARAZIONE

In un cilindro graduato (jigger) misurate 4,5 cl (1 ½ oz) di vermouth bianco e versatelo in un tumbler basso colmo di ghiaccio. Ripetete l'operazione con 1,5 cl (½ oz) di bitter e 3 cl (1 oz) di vodka secca. Mescolate delicatamente il tutto per qualche secondo con un cucchiaino a manico lungo e servite, decorando con 2 cannucce corte e ½ spicchio d'arancia.

USO CONSIGLIATO

Ottimo aperitivo dal gusto amabile.

GRADI ALCOLICI: 18,3
CALORIE: 127

GRADI ALCOLICI: 13,2
CALORIE: 98

GARIBALDI

tecnica build

INGREDIENTI

bitter (consigliato il Bitter Campari) 6 cl (2 oz)
succo d'arancia (preferibilmente rossa) 9 cl (3 oz)

PREPARAZIONE

In un cilindro graduato (jigger) misurate 6 cl (2 oz) di bitter e versateli in un tumbler alto colmo di ghiaccio. Ripetete l'operazione con 9 cl (3 oz) di succo d'arancia. Mescolate per qualche secondo con un cucchiaino a manico lungo e servite, decorando con 1 spicchio d'arancia e 2 cannucce lunghe.

USO CONSIGLIATO

Delizioso aperitivo, ideale a ogni ora della giornata.

GAS-BAG

tecnica shake & strain

GRADI ALCOLICI: 10,8
CALORIE: 87

INGREDIENTI

vodka secca 2,5 cl (¾ oz)
frullato di fragola o purea di fragola
Mixer 3 cl (1 oz)
bitter (consigliato il Bitter Campari)
1,5 cl (½ oz)
spumante brut o Champagne 6 cl (2 oz)

PREPARAZIONE

In un cilindro graduato (jigger) misurate 2,5 cl (¾ oz) di vodka secca e versatela in uno shaker. Ripetete l'operazione con 3 cl (1 oz) di frullato di fragole o purea di fragola e 1,5 cl (½ oz) di bitter. Aggiungete qualche cubetto di ghiaccio e agitate energicamente per qualche secondo. Trattenendo il ghiaccio con un passino (strainer), versate in una coppetta o in un bicchiere da vino e colmate con 6 cl (2 oz) di spumante brut o Champagne. Mescolate delicatamente e servite.

USO CONSIGLIATO

Ottimo aperitivo, perfetto in qualunque momento della giornata.

GRADI ALCOLICI: 22,4
CALORIE: 175

GIN & IT

tecnica stir & strain

INGREDIENTI

gin 6 cl (2 oz)
vermouth rosso 3 cl (1 oz)

PREPARAZIONE

In un cilindro graduato (jigger) misurate 6 cl (2 oz) di gin e versateli in una caraffa trasparente (mixing glass). Ripetete l'operazione con 3 cl (1 oz) di vermouth rosso. Aggiungete qualche cubetto di ghiaccio e mescolate con un cucchiaino a manico lungo. Trattenendo il ghiaccio con un passino (strainer), versate il tutto in una coppetta precedentemente raffreddata in freezer. Servite.

USO CONSIGLIATO

Eccellente aperitivo.

IBERICA

tecnica stir & strain

INGREDIENTI

whisky canadese 6 cl (2 oz)
Porto rosso 3 cl (1 oz)
angostura 2-3 gocce (dash)

PREPARAZIONE

In un cilindro graduato (jigger) misurate 6 cl (2 oz) di whisky canadese e versateli in una caraffa trasparente (mixing glass). Ripetete l'operazione con 3 cl (1 oz) di Porto rosso. Unite 2-3 gocce (dash) di angostura e dei cubetti di ghiaccio. Mescolate il tutto con un cucchiaino a manico lungo e, trattenendo il ghiaccio con un passino (strainer), versatelo in una coppetta precedentemente raffreddata in freezer. Servite, decorando con 1 o 2 ciliegine da cocktail.

USO CONSIGLIATO

Ottimo aperitivo da gustare in alternativa al Manhattan.

GRADI ALCOLICI: 16,7
CALORIE: 189

GRADI ALCOLICI: 13,8
CALORIE: 89

ITALIA-CILE

tecnica shake & strain

INGREDIENTI

Aperol 3 cl (1 oz)
bitter (consigliato il Bitter Campari) 1,5 cl (½ oz)
pisco 3 cl (1 oz)
succo d'ananas 3 cl (1 oz)

PREPARAZIONE

In un cilindro graduato (jigger) misurate 3 cl (1 oz) di pisco e versateli in uno shaker. Ripetete l'operazione con 3 cl (1 oz) di Aperol, 1,5 cl (½ oz) di bitter e 3 cl (1 oz) di succo d'ananas. Aggiungete qualche cubetto di ghiaccio e agitate energicamente per alcuni secondi. Trattenendo il ghiaccio con un passino (strainer), versate in un tumbler basso colmo di ghiaccio e servite, decorando con ½ fetta d'arancia, ½ fetta d'ananas, 2 ciliegine da cocktail e 2 cannucce corte.

USO CONSIGLIATO

Eccellente come aperitivo, ma buono da gustare pure a qualunque ora del giorno.

ITALIAN BITTER

tecnica shake & strain

GRADI ALCOLICI: 8,2
CALORIE: 96

INGREDIENTI

Aperol 3 cl (1 oz)
bitter (consigliato il Bitter Campari) 1,5 cl (½ oz)
liquore alla pesca 2,5 cl (¾ oz)
Sanbittèr 9 cl (3 oz)

PREPARAZIONE

In un cilindro graduato (jigger) misurate 3 cl (1 oz) di Aperol e versateli in uno shaker. Ripetete l'operazione con 2,5 cl (¾ oz) di liquore alla pesca e 1,5 cl (½ oz) di bitter. Agitate per qualche secondo e, trattenendo il ghiaccio con un passino (strainer), versate in un tumbler alto colmo di ghiaccio. Allungate fin quasi al bordo con 9 cl (3 oz) di Sanbittèr e mescolate delicatamente con un cucchiaino a manico lungo. Servite, decorando con ½ fetta d'arancia, 2 ciliegine da cocktail e 2 cannucce lunghe.

USO CONSIGLIATO

Eccellente aperitivo.

GRADI ALCOLICI: 8,6
CALORIE: 124

KIR ROYAL

tecnica build

INGREDIENTI

Crème de Cassis 2,5 (¾ oz)
Champagne o un ottimo spumante brut italiano 12 cl (4 oz)

PREPARAZIONE

In un cilindro graduato (jigger) misurate 2,5 (¾ oz) di Crème de Cassis e versateli in una coppetta raffreddata in freezer o in un bicchiere da vino. Allungate fin quasi al bordo con 12 cl (4 oz) di Champagne ben fresco. Mescolate delicatamente con un cucchiaino a manico lungo e servite.

USO CONSIGLIATO

Elegante aperitivo, ideale da sorseggiare anche lungo tutta la giornata.

LADY HUGO

tecnica build

INGREDIENTI

sciroppo di fiordi di sambuco Mixer 3 cl (1 oz)
spumante brut rosé o Champagne rosé 6 cl (2 oz)
acqua minerale frizzante o soda
6 cl (2 oz)

PREPARAZIONE

In un cilindro graduato (jigger) misurate 3 cl (1 oz) di sciroppo di fiori di sambuco e versatelo in un bicchiere da vino colmo di ghiaccio. Ripetete l'operazione con 6 cl (2 oz) di spumante rosé o Champagne rosé e 6 cl (2 oz) di acqua minerale frizzante o soda. Mescolate per qualche secondo e servite, decorando con 1 rametto di menta, ½ spicchio di limone e qualche fogliolina di rosa commestibile.

USO CONSIGLIATO

Particolarmente gradito al pubblico femminile.

GRADI ALCOLICI: 7,4
CALORIE: 152

GRADI ALCOLICI: 11,8
CALORIE: 104

LAY-OFF

tecnica shake & strain

INGREDIENTI

gin 3 cl (1 oz)
vermouth bianco 2,5 cl (¾ oz)
Bitter (consigliato il Bitter Campari) 1,5 cl (½ oz)
spremuta d'arancia 3 cl (1 oz)

PREPARAZIONE

In un cilindro graduato (jigger) misurate 3 cl (1 oz) di gin e versate in uno shaker. Ripetete l'operazione con 3 cl (1 oz) di spremuta d'arancia, 2,5 cl (¾ oz) di vermouth bianco e 1,5 cl (½ oz) di bitter. Aggiungete alcuni cubetti di ghiaccio e agitate energicamente il tutto per pochi secondi. Trattenendo il ghiaccio con un passino (strainer), servite in una coppetta da cocktail raffreddata in freezer, decorando con 1 ciliegina da cocktail e 1 spicchio d'arancia.

USO CONSIGLIATO

Da gustare in qualunque momento, ma perfetto come aperitivo.

LITTLE DAVE

tecnica shake & strain

GRADI ALCOLICI: 8,3
CALORIE: 98

INGREDIENTI

Madeira bianco secco 3 cl (1 oz)
Aperol 2,5 cl (¾ oz)
bitter (consigliato il Bitter Campari) 1,5 cl (½ oz)
succo d'arancia 9 cl (3 oz)

PREPARAZIONE

In un cilindro graduato (jigger) misurate 3 cl (1 oz) di Madeira bianco secco e versateli in uno shaker. Ripetete l'operazione con 2,5 cl (¾ oz) di Aperol, 1,5 cl (½ oz) di bitter, 9 cl (3 oz) di succo d'arancia. Aggiungete alcuni cubetti di ghiaccio e agitate energicamente per qualche secondo. Trattenendo il ghiaccio con un passino (strainer), versate in un tumbler alto colmo di ghiaccio e servite, decorando con 1 spicchio di pompelmo, 1 spicchio di limone, 1 spicchio d'arancia e 2 ciliegine da cocktail.

USO CONSIGLIATO

Strepitoso aperitivo. Consigliato a tutte le ore della giornata.

LORY

tecnica shake & strain

INGREDIENTI

Aperol 6 cl (2 oz)
bitter (consigliato il Bitter Campari) 1,5 cl (½ oz)
liquore alla pesca 3 cl (1 oz)
aranciata amara 9 cl (3 oz)

PREPARAZIONE

In un cilindro graduato (jigger) misurate 6 cl (2 oz) di Aperol e versateli in uno shaker. Ripetete l'operazione con 3 cl (1 oz) di liquore alla pesca e 1,5 cl (½ oz) di bitter. Agitate energicamente per qualche secondo e, trattenendo il ghiaccio con un passino (strainer), versate il tutto in un tumbler alto colmo di ghiaccio. Allungate fin quasi al bordo con 9 cl (3 oz) di aranciata amara e mescolate delicatamente. Servite, decorando con 1 spicchio d'arancia, 1 spicchio di pompelmo, 2 ciliegine da cocktail e 2 cannucce lunghe.

USO CONSIGLIATO

Drink ideale come aperitivo.

GRADI ALCOLICI: 13,6
CALORIE: 104

MADEIRA MARTINI

tecnica stir & strain

INGREDIENTI

vodka secca 6 cl (2 oz)
Madeira bianco secco 3 cl (1 oz)

PREPARAZIONE

In un cilindro graduato (jigger) misurate gli ingredienti e versateli in una caraffa trasparente (mixing glass). Aggiungete diversi cubetti di ghiaccio. Mescolate con un cucchiaino a manico lungo e, trattenendo il ghiaccio con un passino (strainer), versate il tutto in una coppetta da cocktail precedentemente raffreddata in freezer. Servite, decorando con 1 scorzetta di limone e 1-2 olive verdi (sciacquate sotto l'acqua corrente per eliminare la salamoia) infilzate su uno stecchino lungo.

USO CONSIGLIATO

Ottima alternativa al Cocktail Martini all'ora dell'aperitivo.

GRADI ALCOLICI: 22,8
CALORIE: 178

GRADI ALCOLICI: 22,7
CALORIE: 197

MANHATTAN

tecnica stir & strain

A QUALCUNO PIACE CALDO

Diretta da Billy Wilder nel 1959, questa commedia en travestì premiata con l'Oscar racconta le disavventure di Joe e Jerry (Tony Curtis e Jack Lemmon), due musicisti in fuga dalla malavita. A complicare ulteriormente le cose ci penserà Zucchero (Marilyn Monroe), bellissima suonatrice di ukulele dal cuore spezzato, tanto amante del Manhattan, da prepararlo in treno in una borsa dell'acqua calda.

INGREDIENTI

rye whiskey o canadian whisky o whisky americano 6 cl (2 oz)
vermouth rosso 3 cl (1 oz)
angostura 2-3 gocce (dash)

PREPARAZIONE

In un cilindro graduato (jigger) misurate 6 cl (2 oz) di whisky e versateli in una caraffa trasparente (mixing glass). Ripetete l'operazione con 3 cl (1 oz) di vermouth rosso. Unite 2-3 gocce (dash) di angostura e dei cubetti di ghiaccio. Mescolate il tutto con un cucchiaino a manico lungo e, trattenendo il ghiaccio con un passino (strainer), versatelo in una coppetta raffreddata in freezer. Servite, decorando con 2 ciliegine da cocktail.

USO CONSIGLIATO

Tra i più apprezzati aperitivi, ottimo pure in ogni momento della serata.

MARGARITA

tecnica shake & strain

GRADI ALCOLICI: 18,6
CALORIE: 160

AVENGERS - AGE OF ULTRON

In questo colossal del 2015 campione d'incassi prodotto dai Marvel Studios, il rodato gruppo di supereroi dovrà nuovamente unire le forze per difendere la Terra da catastrofi imminenti... Famosa la divertente scena del film dove Tony Stark - Iron Man cerca di convincere Bruce Banner - Hulk "a lavorare a un'Intelligenza Artificiale, invece di prendere il sole bevendo Margarita".

INGREDIENTI

tequila 4,5 cl (1½ oz)
Cointreau o triple sec 3 cl (1 oz)
succo di limone o di lime 2,5 cl (¾ oz)

PREPARAZIONE

Prendete una coppa sombrero precedentemente raffreddata in freezer e inumiditene per metà il bordo con del limone o del lime. Passate quindi il bicchiere in una ciotolina con abbondante sale fino, in modo che il sale aderisca alla metà inumidita. In un cilindro graduato (jigger) misurate 4,5 cl (1½ oz) di tequila e versateli in uno shaker. Ripetete l'operazione con 3 cl (1 oz) di Cointreau o triple sec e 2,5 cl (¾ oz) di succo di limone o di lime. Aggiungete alcuni cubetti di ghiaccio e agitate energicamente per qualche secondo. Trattenendo il ghiaccio con un passino (strainer), versate il tutto nella coppa sombrero e servite.

USO CONSIGLIATO

Ottimo in qualsiasi momento della giornata.

GRADI ALCOLICI: 27,2
CALORIE: 203

MARTINI COCKTAIL

tecnica stir & strain

EVA CONTRO EVA

Record di candidature agli Oscar per Eva contro Eva*, spietato ritratto dello show business che nel 1950 trasformò in leggenda Margo Channing (Bette Davis), artista "larger than life". Numerose le location in interni dove il bere è protagonista e Margo è solita sorseggiare un Cocktail Martini, drink che negli anni seguenti diverrà tra i più cinematografici in assoluto.*

INGREDIENTI

gin 7,5 cl (2½ oz)
vermouth dry 1,5 cl (½ oz)

PREPARAZIONE

In un cilindro graduato (jigger) misurate 7,5 cl (2½ oz) di gin e versatelo in una caraffa trasparente (mixing glass). Ripetete l'operazione con 1,5 cl (½ oz) di vermouth dry e aggiungete diversi cubetti di ghiaccio. Mescolate con un cucchiaino a manico lungo e, trattenendo il ghiaccio con un passino (strainer), versate il tutto in una coppetta da cocktail precedente raffreddata in freezer. Servite, decorando con 1-2 olive verdi precedentemente sciacquate e infilzate su uno stecchino lungo e una scorza di limone.

USO CONSIGLIATO

Secco e leggermente aromatico, è il re tra gli aperitivi.

MICHELLE FOREVER

tecnica shake & strain

GRADI ALCOLICI: 8,4
CALORIE: 97

INGREDIENTI

Aperol 3 cl (1 oz)
vermouth bianco 2,5 cl (¾ oz)
bitter (consigliato il Bitter Campari) 1,5 cl (½ oz)
succo d'arancia 9 cl (3 oz)

PREPARAZIONE

In un cilindro graduato (jigger) misurate 3 cl (1 oz) di Aperol e versateli in uno shaker. Ripetete l'operazione con 2,5 cl (¾ oz) di vermouth bianco, 1,5 cl (½ oz) di bitter e 9 cl (3 oz) di succo d'arancia. Agitate energicamente per qualche secondo e, trattenendo il ghiaccio con un passino (strainer), versate il tutto in un tumbler alto colmo di ghiaccio. Servite, decorando con ½ spicchio d'arancia, ½ spicchio di limone, 1 ciliegina da cocktail e 2 cannucce lunghe.

USO CONSIGLIATO

Ottimo aperitivo. Consigliato lungo tutta la giornata.

GRADI ALCOLICI: 13
CALORIE: 198

MICHELLE ICE

tecnica blender

INGREDIENTI

Aperol 6 cl (2 oz)
bitter (consigliato il Bitter Campari) 1,5 cl (½ oz)
vodka alla pesca 3 cl (1 oz)
gelato gusto ACE 100 gr (circa)

PREPARAZIONE

In un cilindro graduato (jigger) misurate 6 cl (2 oz) di Aperol e versateli in un frullatore. Ripetete l'operazione con 3 cl (1 oz) di vodka alla pesca e 1,5 cl (½ oz) di Bitter. Aggiungete 100 gr (circa) di gelato gusto ACE e ½ tumbler basso di ghiaccio tritato. Frullate per 15-20 secondi e versate il tutto in un tumbler alto. Servite, decorando con ½ fetta d'arancia e 2 cannucce lunghe.

USO CONSIGLIATO

Eccellente aperitivo dissetante, ideale a tutte le ore.

MIMOSA

tecnica build

GRADI ALCOLICI: 8,3
CALORIE: 98

INGREDIENTI

spremuta d'arancia 4,5 (1 ½ oz)
spumante brut o Champagne 12 cl (4 oz)

PREPARAZIONE

In un cilindro graduato (jigger) misurate 4,5 (1 ½ oz) di spremuta d'arancia e versateli in una coppetta raffreddata in freezer o in un bicchiere da vino. Allungate fin quasi al bordo con 12 cl (4 oz) di spumante brut o Champagne ben freschi. Mescolate delicatamente con un cucchiaino a manico lungo e servite, decorando con 1 spicchio d'arancia.

USO CONSIGLIATO

Ottimo aperitivo, da gustare anche in altri momenti della giornata.

GRADI ALCOLICI: 14,2
CALORIE: 180

MOJITO TWIST "EUROPEO"

tecnica muddler

INGREDIENTI

rum chiaro o ambrato 4,5 cl (1 ½ oz)
zucchero bianco o di canna
20 gr (circa)
foglie di menta fresca 7 gr
½ lime
soda o acqua minerale frizzante
6 cl (2 oz)

PREPARAZIONE

Disponete in un tumbler alto ½ lime tagliato a cubetti. Aggiungete 20 gr (circa) di zucchero e pestate il tutto con un pestello, fino a ottenere una poltiglia. Aggiungete 7 gr di foglie di menta pressandole delicatamente. Riempite il bicchiere di ghiaccio a cubetti o tritato e aggiungete 4,5 cl (1 ½ oz) di rum chiaro o ambrato precedentemente misurato in un cilindro graduato (jigger). Allungate il tutto fino al bordo con della soda o dell'acqua minerale frizzante. Con l'aiuto di un cucchiaino a manico lungo mescolate per qualche secondo. Servite, decorando il drink con una coppia di cannucce lunghe e un bel rametto di menta fresca.

USO CONSIGLIATO

Da gustare in ogni momento del giorno, ma particolarmente indicato per l'ora dell'aperitivo.

NEGRONI

tecnica build

GRADI ALCOLICI: 19
CALORIE: 123

INGREDIENTI

gin 3 cl (1 oz)
vermouth rosso 3 cl (1 oz)
bitter (consigliato il Bitter Campari) 3 cl (1 oz)

PREPARAZIONE

In un cilindro graduato (jigger) misurate 3 cl (1 oz) di gin e versate il tutto in un tumbler basso colmo di ghiaccio. Ripetete l'operazione aggiungendo 3 cl (1 oz) di vermouth rosso e 3 cl (1 oz) di Bitter. Mescolate il tutto per qualche secondo con un cucchiaino a manico lungo. Decorate con ½ fetta d'arancia e servite.

USO CONSIGLIATO

È l'aperitivo per eccellenza, ideale tuttavia anche in altri momenti della serata.

GRADI ALCOLICI: 21
CALORIE: 125

NEGRONI SBAGLIATO

tecnica build

INGREDIENTI

bitter (consigliato il Bitter Campari) 3 cl (1 oz)
vermouth rosso 3 cl (1 oz)
spumante brut 3 cl (1 oz)

PREPARAZIONE

In un cilindro graduato (jigger) misurate 3 cl (1 oz) di bitter e versatelo in un tumbler basso colmo di ghiaccio. Ripetete l'operazione con 3 cl (1 oz) di vermouth rosso. Allungate fin quasi al bordo con 3 cl (1 oz) di spumante brut ben fresco e mescolate delicatamente il tutto con un cucchiaino a manico lungo. Servite, decorando con 1 spicchio d'arancia.

USO CONSIGLIATO

Aperitivo per eccellenza, ideale anche per altri momenti della giornata o della serata.

NEGROSKY

tecnica build

GRADI ALCOLICI: 21,1
CALORIE: 136

INGREDIENTI

vodka secca 3 cl (1 oz)
bitter (consigliato il Bitter Campari) 3 cl (1 oz)
vermouth rosso 3 cl (1 oz)

PREPARAZIONE

In un cilindro graduato (jigger) misurate 3 cl (1 oz) di vodka secca e versatela in tumbler basso colmo di ghiaccio. Ripetete l'operazione con 3 cl (1 oz) di bitter e 3 cl (1 oz) di vermouth rosso. Mescolate con un cucchiaino manico lungo e servite, decorando con uno spicchio d'arancia.

USO CONSIGLIATO

Validissima alternativa al Negroni per l'ora dell'aperitivo.

GRADI ALCOLICI: 21,3
CALORIE: 131

NEW FRED ROSE

tecnica shake & strain

INGREDIENTI

gin 3 cl (1 oz)
Mandarinetto Isolabella 3 cl (1 oz)
limoncello 1,5 cl (½ oz)
bitter (consigliato il Bitter Campari) 1,5 cl (½ oz)

PREPARAZIONE

In un cilindro graduato (jigger) misurate 3 cl (1 oz) di gin e versateli in uno shaker. Ripetete l'operazione con 3 cl (1 oz) di Mandarinetto Isolabella, 1,5 cl (½ oz) di bitter e 1,5 cl (½ oz) di limoncello. Aggiungete qualche cubetto di ghiaccio e agitate energicamente per pochi secondi. Trattenendo il ghiaccio con un passino (strainer), versate in una coppetta da cocktail raffreddata in freezer e servite, decorando con uno spicchio di limone o di lime e una ciliegina da cocktail.

USO CONSIGLIATO

Drink molto dissetante consigliato anche come aperitivo.

NEW LULÙ

tecnica shake & strain

GRADI ALCOLICI: 9,6
CALORIE: 88

INGREDIENTI

Aperol 4,5 cl (1 ½ oz)
bitter (consigliato il Bitter Campari) 1,5 cl (½ oz)
liquore alla pesca 2,5 cl (¾ oz)
succo d'arancia 9 cl (3 oz)

PREPARAZIONE

In un cilindro graduato (jigger) misurate 4,5 cl (1 ½ oz) di Aperol e versateli in uno shaker. Ripetete l'operazione con 2,5 cl (¾ oz) di liquore alla pesca, 1,5 cl (½ oz) di bitter e 9 cl (3 oz) di succo d'arancia. Agitate energicamente per qualche secondo e, trattenendo il ghiaccio con un passino (strainer), versate il tutto in un tumbler alto colmo di ghiaccio. Servite, decorando con ½ fetta d'arancia, 2 ciliegine da cocktail e 2 cannucce lunghe.

USO CONSIGLIATO

Eccellente come aperitivo e a qualunque ora del giorno.

GRADI ALCOLICI: 18,7
CALORIE: 127

OLD PALE

tecnica stir & strain

INGREDIENTI

whiskey americano 3 cl (1 oz)
vermouth dry 3 cl (1 oz)
bitter (consigliato il Bitter Campari) 3 cl (1 oz)

PREPARAZIONE

In un cilindro graduato (jigger) misurate 3 cl (1 oz) di whiskey e versateli in una caraffa trasparente (mixing glass). Ripetete l'operazione con 3 cl (1 oz) di vermouth dry e 3 cl (1 oz) di Bitter. Aggiungete alcuni cubetti di ghiaccio e mescolate con un cucchiaino a manico lungo. Trattenendo il ghiaccio con un passino (strainer), versate in una coppetta raffreddata in freezer. Servite, decorando con 1 ciliegina da cocktail.

USO CONSIGLIATO

Aperitivo fantastico, un vero classico.

OLIVO.0

di Gianfranco Cacciola

tecnica stir & strain

INGREDIENTI

Ulivar (liquore alle olive di Calabria) 4 cl (1 ¼ oz)
gin (mediterraneo) 4 cl (1 ¼ oz)
olio extravergine d'oliva 3 gocce (dash)

PREPARAZIONE

In un cilindro graduato (jigger) misurate 4 cl (1 ¼ oz) di Ulivar e versatelo in una caraffa trasparente (mixing glass). Ripetete l'operazione con 4 cl (1 ¼ oz) di gin e aggiungete diversi cubetti di ghiaccio. Mescolate con un cucchiaino a manico lungo e, trattenendo il ghiaccio con un passino (strainer), versate il tutto in una coppetta precedente raffreddata in freezer. Aggiungete 3 gocce (dash) di olio extravergine d'oliva (facendole restare in superficie) e servite.

USO CONSIGLIATO

Aperitivo innovativo ideale a tutte le ore della giornata.

GRADI ALCOLICI: 22,8
CALORIE: 178

ORIGINAL SPRITZ

tecnica build

INGREDIENTI

sauvignon 6 cl (2 oz)
acqua minerale frizzante 1,5 cl (½ oz)

PREPARAZIONE

In un cilindro graduato (jigger) misurate 6 cl (2 oz) di sauvignon e versateli in un calice da vino pieno di ghiaccio. Ripetete l'operazione con 1,5 cl (½ oz) di acqua minerale frizzante. Mescolate delicatamente con un cucchiaino a manico lungo e decorate con ½ spicchio di limone.

USO CONSIGLIATO

Tra i più apprezzati aperitivi, ottimo pure in ogni momento della serata.

GRADI ALCOLICI: 5,6
CALORIE: 52

PARADISE

tecnica shake & strain

INGREDIENTI

gin 4,5 cl (1 ½ oz)
apricot brandy 3 cl (1 oz)
spremuta d'arancia 2,5 cl (¾ oz)

PREPARAZIONE

In un cilindro graduato (jigger) misurate 4,5 cl (1 ½ oz) di gin e versateli in uno shaker. Ripetete l'operazione con 3 cl (1 oz) di apricot brandy e 2,5 cl (¾ oz) di spremuta d'arancia. Aggiungete alcuni cubetti di ghiaccio e agitate con forza il tutto per pochi secondi. Trattenendo il ghiaccio con un passino (strainer), versate in una coppetta raffreddata in freezer e servite, decorando con ½ spicchio d'arancia.

USO CONSIGLIATO

Fantastico drink da gustare in qualunque momento della giornata.

GRADI ALCOLICI: 16,3
CALORIE: 190

PORTO MARTINI

tecnica stir & strain

INGREDIENTI

gin 6 cl (2 oz)
Porto bianco 3 cl (1 oz)

PREPARAZIONE

In un cilindro graduato (jigger) misurate 6 cl (2 oz) di gin e versateli in una caraffa trasparente (mixing glass). Ripetete l'operazione con 3 cl (1 oz) di Porto bianco e aggiungete diversi cubetti di ghiaccio. Mescolate con un cucchiaino a manico lungo e, trattenendo il ghiaccio con un passino (strainer), versate il tutto in una coppetta da cocktail precedentemente raffreddata in freezer. Servite, decorando con 3-4 olive verdi (sciacquate sotto l'acqua corrente per eliminare la salamoia) infilzate su uno stecchino lungo e 1 ricciolo di scorzetta di limone.

USO CONSIGLIATO

Stuzzicante alternativa al Cocktail Martini durante l'aperitivo.

GRADI ALCOLICI: 21,6
CALORIE: 138

PORTOGUESE

tecnica build

INGREDIENTI

bitter (consigliato il Bitter Campari) 3 cl (1 oz)
Porto rosso 3 cl (1 oz)
acqua minerale frizzante o soda 3 cl (1 oz)

PREPARAZIONE

In un cilindro graduato (jigger) misurate 3 cl (1 oz) di bitter e versateli in un tumbler basso colmo di ghiaccio. Ripetete l'operazione con 3 cl (1 oz) di Porto rosso. Allungate fin quasi al bordo con 3 cl (1 oz) di acqua frizzante o soda. Mescolate delicatamente il tutto con un cucchiaino a manico lungo e servite, decorando con ½ spicchio d'arancia e della scorzetta di limone.

USO CONSIGLIATO

Affascinante alternativa all'Americano durante l'aperitivo.

GRADI ALCOLICI: 5,6
CALORIE: 88

INGREDIENTI

spremuta
di mandarino 4,5 cl
(1½ oz)
spumante brut o
Champagne 12 cl (4 oz)

PREPARAZIONE

In un cilindro graduato (jigger) misurate 4,5 cl (1½ oz) di spremuta di mandarino e versateli in una coppetta raffreddata in freezer o in un bicchiere da vino. Allungate fin quasi al bordo con 12 cl (4 oz) di spumante brut o Champagne ben freschi. Mescolate delicatamente con un cucchiaino a manico lungo e servite.

USO CONSIGLIATO

Elegante aperitivo, da gustare anche nel corso della giornata.

GRADI ALCOLICI: 21,8
CALORIE: 189

ROB ROY

tecnica stir & strain

RISVEGLI

Grazie a questo meraviglioso biopic del 1990 che ripercorre la vita del poliedrico Oliver Sacks (Robin Williams), il Rob Roy conobbe inaspettatamente un rilancio a livello mondiale dopo anni di scomparsa. È infatti una delle pazienti del medico a risvegliarsi dopo molti anni di coma, esprimendo con tono squillante il desiderio di bere un Rob Roy.

INGREDIENTI

whisky blended scozzese 6 cl (2 oz)
vermouth rosso 3 cl (1 oz)
angostura 2-3 gocce (dash)

PREPARAZIONE

In un cilindro graduato (jigger) misurate 6 cl (2 oz) di whisky e versateli in una caraffa trasparente (mixing glass). Ripetete l'operazione con 3 cl (1 oz) di vermouth rosso. Unite 2-3 gocce (dash) di angostura e dei cubetti di ghiaccio, mescolando successivamente il tutto con un cucchiaino a manico lungo. Trattenendo il ghiaccio con un passino (strainer), versate in una coppetta da cocktail raffreddata in freezer e servite, decorando con 2 ciliegine da cocktail.

USO CONSIGLIATO

Ottimo aperitivo.

ROSSINI

tecnica build

GRADI ALCOLICI: 8,2
CALORIE: 98

INGREDIENTI

fragole di media grandezza 5-6
spumante brut o Champagne
12 cl (4 oz)
purea di fragola Mixer (facoltativo)
4,5 (1½ oz)
acqua naturale 3 cl (1 oz)

PREPARAZIONE

Frullate 5-6 fragole di media grandezza con 4,5 (1½ oz) di purea di fragola e 3 cl (1 oz) di acqua naturale precedentemente misurati in un cilindro graduato (jigger). Togliete 3 cl (1 oz) del frullato di fragole ottenuto e versatelo in una coppetta che avrete precedentemente raffreddato in freezer. Aggiungete 12 cl (4 oz) di spumante brut o Champagne ben ghiacciato e mescolate delicatamente il tutto con un cucchiaino a manico lungo. Servite, decorando a piacimento con qualche fragola fresca.

USO CONSIGLIATO

Da gustare a ogni ora del giorno. Eccellente come aperitivo.

GRADI ALCOLICI: 17,6
CALORIE: 115

SALLY

tecnica build

INGREDIENTI

vodka secca 3 cl (1 oz)
Aperol 3 cl (1 oz)
bitter (consigliato il Bitter Campari) 1,5 cl (½ oz)
Mandarinetto Isolabella 2,5 cl (¾ oz)

PREPARAZIONE

In un cilindro graduato (jigger) misurate 3 cl (1 oz) di vodka secca e versateli in un tumbler basso colmo di ghiaccio. Ripetete l'operazione con 3 cl (1 oz) di Aperol, 2,5 cl (¾ oz) di Mandarinetto Isolabella e 1,5 cl (½ oz) di bitter. Mescolate con un cucchiaino a manico lungo e servite, decorando con ½ fetta d'arancia e 2 ciliegine da cocktail.

USO CONSIGLIATO

Delizioso aperitivo che allieterà il vostro happy hour.

SAMOA

tecnica stir & strain

GRADI ALCOLICI: 21,8
CALORIE: 160

INGREDIENTI

vodka secca 6 cl (2 oz)
liquore alla pesca 2,5 cl (¾ oz)
bitter (consigliato il Bitter Campari) 1,5 cl (½ oz)

PREPARAZIONE

In un cilindro graduato (jigger) misurate 6 cl (2 oz) di vodka secca e versateli in una caraffa trasparente (mixing glass). Ripetete l'operazione con 1,5 cl (½ oz) di bitter e 2,5 cl (¾ oz) di liquore alla pesca. Aggiungete qualche cubetto di ghiaccio e mescolate con un cucchiaino a manico lungo per diversi secondi. Trattenendo il ghiaccio con un passino (strainer), versate in una coppetta raffreddata in freezer. Servite, decorando con ½ fetta d'arancia e 1 ciliegina da cocktail.

USO CONSIGLIATO

Ottimo come aperitivo e durante le nottate estive di festa.

SHERRY MARTINI

tecnica stir & strain

INGREDIENTI

vodka secca 6 cl (2 oz)
Sherry secco 3 cl (1 oz)

PREPARAZIONE

In un cilindro graduato (jigger) misurate 6 cl (2 oz) di vodka secca e versateli in una caraffa trasparente (mixing glass). Ripetete l'operazione con 3 cl (1 oz) di Sherry secco e aggiungete diversi cubetti di ghiaccio. Mescolate con un cucchiaino a manico lungo e, trattenendo il ghiaccio con un passino (strainer), versate il tutto in una coppetta da cocktail precedentemente raffreddata in freezer. Servite, decorando con 1 scorzetta di limone e 3-4 olive verdi (sciacquate sotto l'acqua corrente per eliminare la salamoia) infilzate su uno stecchino.

USO CONSIGLIATO

All'ora dell'aperitivo questo drink si rivela un'ottima alternativa al Cocktail Martini.

GRADI ALCOLICI: 13,4
CALORIE: 131

SILVIA

tecnica shake & strain

INGREDIENTI

Aperol 3 cl (1 oz)
bitter (consigliato il Bitter Campari) 3 cl (1 oz)
Müller-Thurgau 6 cl (2 oz)
succo d'arancia 6 cl (2 oz)

PREPARAZIONE

In un cilindro graduato (jigger) misurate 3 cl (1 oz) di Aperol e versateli in uno shaker. Ripetete l'operazione con 3 cl (1 oz) di bitter, 6 cl (2 oz) di succo d'arancia e 6 cl (2 oz) di Müller-Thurgau. Aggiungete alcuni cubetti di ghiaccio e agitate energicamente per qualche secondo. Trattenendo il ghiaccio con un passino (strainer), versate in un tumbler alto colmo di ghiaccio e servite, decorando con 1 fetta di limone e 3 ciliegine da cocktail annodate su uno stecchino lungo.

USO CONSIGLIATO

Ottimo drink aperitivo che allieterà le giornate più torride.

GRADI ALCOLICI: 9,8
CALORIE: 122

GRADI ALCOLICI: 5,6
CALORIE: 52

SPRITZ

tecnica build

INGREDIENTI

spumante brut 6 cl (2 oz)
Aperol 4,5 cl (1 ½ oz)
acqua minerale frizzante 1,5 cl (½ oz)

PREPARAZIONE

In un cilindro graduato (jigger) misurate 4,5 cl (1 ½ oz) di Aperol e versateli in un calice o in un tumbler alto colmo di ghiaccio. Ripetete l'operazione con 6 cl (2 oz) di spumante brut e 1,5 cl (½ oz) di acqua minerale frizzante. Mescolate delicatamente per qualche secondo il tutto con un cucchiaino a manico lungo e servite, decorando con ½ spicchio d'arancia.

USO CONSIGLIATO

Un must per l'aperitivo. Buono a tutte le ore.

SPRITZ CAMPARI (PIRLO)

tecnica build

INGREDIENTI

bitter (consigliato il Bitter Campari) 4,5 cl (1 ½ oz)
spumante brut 9 cl (3 oz)
acqua minerale frizzante o soda 3 cl (1 oz)

PREPARAZIONE

In un cilindro graduato (jigger) misurate 4,5 cl (1 ½ oz) di bitter e versatelo in un bicchiere da vino colmo di ghiaccio. Ripetete l'operazione con 9 cl (3 oz) di spumante brut e 3 cl (1 oz) di acqua frizzante o soda precedentemente misurati in un cilindro graduato (jigger). Mescolate delicatamente con un cucchiaino a manico lungo per qualche secondo e servite.

USO CONSIGLIATO

L'aperitivo "principe" dell'happy hour.

GRADI ALCOLICI: 8,9
CALORIE: 146

TORRE DI BELEM

tecnica build

INGREDIENTI

Porto rosso 6 cl (2 oz)
bitter (consigliato il Bitter Campari) 3 cl (1 oz)

PREPARAZIONE

In un cilindro graduato (jigger) misurate 6 cl (2 oz) di Porto rosso e versateli in un tumbler basso colmo di ghiaccio. Ripetete l'operazione con 3 cl (1 oz) di bitter. Mescolate con un cucchiaino a manico lungo e servite, decorando con ½ spicchio d'arancia e 2 cannucce corte.

USO CONSIGLIATO

Eccellente drink per l'apericena.

GRADI ALCOLICI: 11,6
CALORIE: 85

VESCOVO

tecnica stir & strain

INGREDIENTI

gin 4 cl (1 ¼ oz)
bitter (consigliato il Bitter Campari) 1,5 cl (½ oz)
Porto bianco 3 cl (1 oz)

PREPARAZIONE

In un cilindro graduato (jigger) misurate 4 cl (1 ¼ oz) di gin e versateli in una caraffa trasparente (mixing glass). Ripetete l'operazione con 3 cl (1 oz) di Porto bianco e 1,5 cl (½ oz) di bitter. Aggiungete alcuni cubetti di ghiaccio e mescolate il tutto con un cucchiaino a manico lungo per alcuni secondi. Trattenendo il ghiaccio con un passino (strainer), versate in una coppetta precedentemente raffreddata in freezer. Servite.

USO CONSIGLIATO

Raffinato aperitivo per eventi di classe.

GRADI ALCOLICI: 12,7
CALORIE: 96

VESPER MARTINI TWIST ITALIAN STYLE

tecnica shake & strain

INGREDIENTI

gin 6 cl (2 oz)
vodka secca 1,5 cl (½ oz)
vermouth bianco 1,5 cl (½ oz)
scorza di limone (facoltativa)

PREPARAZIONE

In un cilindro graduato (jigger) misurate 6 cl (2 oz) di gin e versateli in uno shaker. Ripetete l'operazione con 1,5 cl (½ oz) di vermouth chiaro e 1,5 cl (½ oz) di vodka secca. Aggiungete qualche cubetto di ghiaccio e agitate energicamente il tutto per qualche secondo. Trattenendo il ghiaccio con un passino (strainer), versate in una coppetta da cocktail raffreddata in freezer e servite.

USO CONSIGLIATO

Ottimo aperitivo che omaggia l'agente 007 in Casinò Royale.

GRADI ALCOLICI: 25,8
CALORIE: 192

007 - CASINÒ ROYALE

Tra le accoppiate cocktail - film entrate nella leggenda, brilla indubbiamente quella formata da Vesper Martini - 007 Casinò Royale *del 2008 che vede esordire Daniel Craig come Bond. Fedele all'omonimo romanzo di Fleming del 1953, durante un partita a poker decisamente tesa, 007 ordina il cocktail scandendo ingredienti e dosi, dando così vita a una moda subito divenuta mondiale.*

VIN CANTO

di Salvatore Bongiovanni

tecnica build

INGREDIENTI

sciroppo di fiori di sambuco
Mixer 1,5 cl (½ oz)
vino rosso novello 6 cl (2 oz)
gin (preferibilmente ricco di elementi botanici) 3 cl (1 oz)

PREPARAZIONE

In un cilindro graduato (jigger) misurate 1,5 cl (½ oz) di sciroppo di fiori di sambuco e versatelo in un calice da vino colmo di ghiaccio. Ripetete l'operazione con 3 cl (1 oz) di gin e 6 cl (2 oz) di vino rosso novello precedentemente misurati in un cilindro graduato (jigger). Mescolate delicatamente il tutto per qualche secondo e servite, decorando con mirtilli, ribes rosso, more e 1 rametto di menta.

USO CONSIGLIATO

Delicato drink digestivo. Buono da gustare lungo tutta la serata.

GRADI ALCOLICI: 8,6
CALORIE: 164

VODKA MARTINI BOND

tecnica shake & strain

INGREDIENTI

vodka secca 7,5 cl (2½ oz)
vermouth dry 1,5 cl (½ oz)

PREPARAZIONE

In un cilindro graduato (jigger) misurate 7,5 cl (2½ oz) di vodka secca e versateli in uno shaker. Ripetete l'operazione con 1,5 cl (½ oz) di vermouth dry. Aggiungete alcuni cubetti di ghiaccio e agitate energicamente per qualche secondo. Trattenendo il ghiaccio con un passino (strainer), versate in una coppetta raffreddata in freezer e servite, decorando con 2-3 olive verdi sciacquate e infilzate su di uno stecchino lungo e una scorzetta di limone.

USO CONSIGLIATO

Uno degli aperitivi più amati al mondo, reso celebre dalla serie di pellicole con protagonista l'agente 007 James Bond.

GRADI ALCOLICI: 24,6
CALORIE: 196

007 - MISSIONE GOLDFINGER

Nel 1964 vede la luce il terzo capitolo della serie dedicata a James Bond. Nel film l'agente segreto 007 (Sean Connery) pronuncia per la prima volta la leggendaria battuta "Martini Shaken not stirred", palesando così di preferirlo "agitato e non mescolato". Richiesta che tornerà nei numerosi episodi successivi, creando un vero e proprio tormentone che trasformerà il drink nel "cocktail più cinematografico di sempre".

GRADI ALCOLICI: 16,3
CALORIE: 121

WHITE NEGRONI

tecnica build

INGREDIENTI

gin 3 cl (1 oz)
vermouth bianco 3 cl (1 oz)
Biancosarti 3 cl (1 oz)

PREPARAZIONE

In un cilindro graduato (jigger) misurate 3 cl (1 oz) di gin e versateli in un tumbler basso colmo di ghiaccio. Ripetete l'operazione con 3 cl (1 oz) di vermouth bianco e 3 cl (1 oz) di Biancosarti. Mescolate il tutto per qualche secondo con un cucchiaino a manico lungo e servite, decorando con 1 spicchio di limone o lime.

USO CONSIGLIATO

Intrigante e moderno aperitivo amatissimo dal pubblico femminile.

WHITE NEGROSKY

tecnica build

INGREDIENTI

vodka secca 3 cl (1 oz)
vermouth bianco 3 cl (1 oz)
Biancosarti 3 cl (1 oz)

PREPARAZIONE

In un cilindro graduato (jigger) misurate 3 cl (1 oz) di vodka secca e versateli in un tumbler basso colmo di ghiaccio. Ripetete l'operazione con 3 cl (1 oz) di vermouth bianco e 3 cl (1 oz) di Biancosarti. Mescolate il tutto per qualche secondo con un cucchiaino a manico lungo e servite, decorando con 1 spicchio di limone o lime.

USO CONSIGLIATO

Intrigante e moderno aperitivo amatissimo dal pubblico femminile.

GRADI ALCOLICI: 15,8
CALORIE: 118

WINE BITTER

tecnica shake & strain

INGREDIENTI

Aperol 3 cl (1 oz)
Müller-Thurgau 3 cl (1 oz)
vodka alla pesca 3 cl (1 oz)
Sanbittèr 10 cl (3½ oz)

PREPARAZIONE

In un cilindro graduato (jigger) misurate 3 cl (1 oz) di Aperol e versateli in uno shaker. Ripetete l'operazione con 3 cl (1 oz) di Müller-Thurgau e 3 cl (1 oz) di vodka alla pesca. Aggiungete alcuni cubetti di ghiaccio e agitate energicamente per qualche secondo. Trattenendo il ghiaccio con un passino (strainer), versate in un tumbler alto colmo di ghiaccio. Unite 10 cl (3½ oz) di Sanbittèr, mescolate e servite, decorando con ½ fetta d'ananas, 2 ciliegine da cocktail e 2 cannucce lunghe.

USO CONSIGLIATO

Fantastico aperitivo ideale nei momenti più caldi della giornata.

GRADI ALCOLICI: 7,6
CALORIE: 93

AFTER DINNER COCKTAILS

Questa categoria di fantastici drink molto diffusa negli Stati Uniti e recentemente apprezzata anche in tutta Europa si caratterizza soprattutto per le proprietà digestive e, in alcuni casi, lenitive contro gli spiacevoli e talvolta dolorosi effetti causati da una cattiva digestione.
L'arte di porre rimedio ai "dolori di pancia" è antichissima, ma bisogna attendere la prima metà dell'Ottocento perché piccoli opifici propongano al pubblico ricette di amari. I barman dell'epoca ebbero modo di sperimentare come alcuni liquori miscelati a distillati neutri dessero ottimi risultati nella creazione di drink prettamente digestivi o lenitivi, codificando in tal modo gli antesignani dei più moderni After Dinner.
Uno dei metodi base per creare un drink che faciliti il processo digestivo è senz'altro quello di unire un distillato neutro (vodka, rum, cognac, brandy) a un liquore dolce o a una crema di liquore (liquore al caffè, crema di menta, Amaretto Disaronno). Lo zucchero stimola infatti la produzione di succhi gastrici, agevolando notevolmente il benessere del nostro apparato digerente. Ne sono un esempio alcuni celeberrimi cocktail come il Godmother, il Rusty Nail e il Black Russian. Un'altra possibilità è quella di unire a un distillato e allo sciroppo di zucchero anche una parte di succo di limone o lime, preferibilmente freschi. Questa semplice combinazione ha i suoi più celebri esempi in cocktail come il Whisky Sour, il Daiquiri e il Bacardi Cocktail.
Gli After Dinner risultano inoltre essere ottimi anche come dessert in coda a un'ottima cena se tra i loro ingredienti annoverano un distillato, uno o più liquori dolci e gelato alle creme o a base citrina. Una valida alternativa è l'impiego di liquori amari digestivi miscelati tra loro e il Mojito Veterinario ne è un esempio dal successo eclatante.
Oggigiorno l'after dinner è divenuto protagonista nell'aggregazione che, chiudendo la serata o arrivando fino alle prime ore del giorno, fa seguito al rito dell'happy hour, sia che si resti nello stesso locale o che ci si sposti in un altro.

AFTER DINNER COCKTAILS

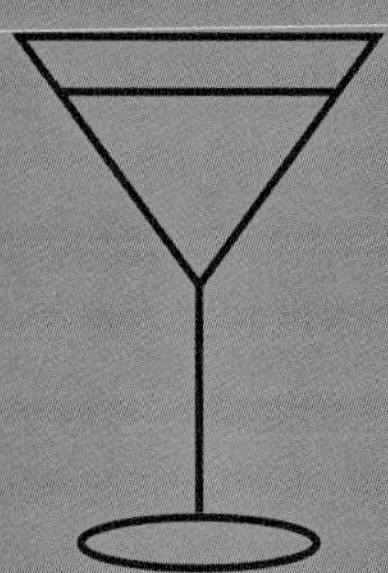

GRADI ALCOLICI: 18,6
CALORIE: 146

ALBA ALPINA

tecnica shake & strain

INGREDIENTI

grappa bianca 4,5 cl (1 ½ oz)
liquore di menta bianca 3 cl (1 oz)
succo di limone o lime 1,5 cl (½ oz)

PREPARAZIONE

In un cilindro graduato (jigger) misurate 4,5 cl (1 ½ oz) di grappa e versateli in uno shaker. Ripetete l'operazione con 3 cl (1 oz) di liquore di menta e 1,5 cl (½ oz) di succo di limone o lime. Aggiungete alcuni cubetti di ghiaccio e agitate energicamente il tutto per qualche secondo. Trattenendo il ghiaccio con un passino (strainer), versate in una coppetta raffreddata in freezer e servite, decorando con 4-5 chiodi di garofano.

USO CONSIGLIATO

Eccellente cocktail digestivo.

ALEXANDER

tecnica shake & strain

GRADI ALCOLICI: 13,4
CALORIE: 285

INGREDIENTI

cognac o brandy 3 cl (1 oz)
crema di cacao bianca 3 cl (1 oz)
crema di latte (panna) 3 cl (1 oz)
noce moscata

PREPARAZIONE

In un cilindro graduato (jigger) misurate 3 cl (1 oz) di brandy o cognac e versateli in uno shaker. Ripetete l'operazione con 3 cl (1 oz) di crema di cacao e 3 cl (1 oz) di crema di latte (panna). Aggiungete dei cubetti di ghiaccio e agitate energicamente per qualche secondo. Trattenendo il ghiaccio con un passino (strainer), versate in una coppetta raffreddata in freezer, decorando con una leggera spolverata di noce moscata.

USO CONSIGLIATO

Drink delizioso per tutta la serata.

GRADI ALCOLICI: 22,6
CALORIE: 158

APOTHEKE

tecnica stir & strain

INGREDIENTI

cognac o brandy 3 cl (1 oz)
Fernet Branca 3 cl (1 oz)
crema di menta verde 3 cl (1 oz)

PREPARAZIONE

In un cilindro graduato (jigger) misurate 3 cl (1 oz) di cognac o brandy e versateli in uno shaker. Ripetete l'operazione con 3 cl (1 oz) di Fernet Branca e 3 cl (1 oz) di crema di menta verde. Aggiungete qualche cubetto di ghiaccio e mescolate energicamente per qualche secondo. Trattenendo il ghiaccio con un passino (strainer), versate in una coppetta raffreddata in freezer e servite.

USO CONSIGLIATO

Ottimo cocktail digestivo, consigliato soprattutto la sera.

B-52

tecnica build

GRADI ALCOLICI: 11,4
CALORIE: 135

INGREDIENTI

liquore al caffè 2,5 cl (¾ oz)
Baileys 2,5 cl (¾ oz)
Cointreau o Grand Marnier 2,5 cl (¾ oz)

PREPARAZIONE

In un cilindro graduato (jigger) misurate 2,5 cl (¾ oz) di liquore al caffè e versatelo in un piccolo bicchiere di forma cilindrica (shoot). Ripetete l'operazione con 2,5 cl (¾ oz) di Baileys e 2,5 cl (¾ oz) di Cointreau o di Grand Marnier, in modo che nel bicchiere risulti evidente la divisione a strati dei tre differenti ingredienti. Per ottenere questo effetto, uniteli separatamente, uno alla volta, facendoli scivolare con delicatezza sul dorso di un cucchiaino a manico lungo.

USO CONSIGLIATO

Ottimo come digestivo dopo una cena sostanziosa.

GRADI ALCOLICI: 14,6
CALORIE: 128

BACARDI

tecnica shake & strain

ANALISI DI UN DELITTO

In una scena di questo thriller del 1998 vediamo il protagonista Lawson Russell (Cuba Gooding Jr.) ordinare in un locale di New Orleans un Bacardi Cocktail. L'uomo è un giovane avvocato in crisi, perseguitato da un misterioso manoscritto narrante una serie di omicidi accaduti realmente e tuttora insoluti. Gli indizi indicheranno però Russell come il sospettato numero uno.

INGREDIENTI

rum chiaro Bacardi 4,5 cl (1½ oz)
succo di limone o di lime 3 cl (1 oz)
sciroppo di granatina Mixer 1,5 cl (½ oz)

PREPARAZIONE

In un cilindro graduato (jigger) misurate 4,5 cl (1½ oz) di rum chiaro Bacardi e versateli in uno shaker. Ripetete l'operazione con 3 cl (1 oz) di succo di limone o di lime e con 1,5 cl (½ oz) di sciroppo di granatina. Aggiungete qualche cubetto di ghiaccio e agitate energicamente per alcuni secondi. Trattenendo il ghiaccio con un passino (strainer), versate in una coppetta raffreddata in freezer e servite.

USO CONSIGLIATO

Squisito digestivo da gustare lungo tutta la giornata.

BANANA BLISS

tecnica build

GRADI ALCOLICI: 21,8

CALORIE: 61

INGREDIENTI

cognac o brandy 4,5 cl (1 ½ oz)
crema di banana 4,5 cl (1 ½ oz)

PREPARAZIONE

In un cilindro graduato (jigger) misurate 4,5 cl (1 ½ oz) di cognac o brandy e versateli in un tumbler basso colmo di ghiaccio. Ripetete l'operazione con 4,5 cl (1 ½ oz) di crema di banana. Mescolate con un cucchiaino a manico lungo e servite.

USO CONSIGLIATO

Simpatico digestivo.

GRADI ALCOLICI: 26,2
CALORIE: 196

BETWEEN THE SHEETS

tecnica stir & strain

INGREDIENTI

brandy o cognac 3 cl (1 oz)
rum chiaro 3 cl (1 oz)
Cointreau o triple sec 3 cl (1 oz)
succo di limone o lime 1,5 cl (½ oz)

PREPARAZIONE

In un cilindro graduato (jigger) misurate 3 cl (1 oz) di brandy o cognac e versateli in uno shaker. Ripetete l'operazione con 3 cl (1 oz) di rum chiaro e 3 cl (1 oz) di Cointreau o triple sec. Aggiungete 1,5 cl (½ oz) di succo di limone o lime precedentemente misurato in un cilindro graduato (jigger) e alcuni cubetti di ghiaccio, agitando quindi energicamente per qualche secondo. Trattenendo il ghiaccio con un passino (strainer), versate in una coppetta raffreddata in freezer e servite.

USO CONSIGLIATO

Drink perfetto per il pomeriggio e la sera, ideale per le occasioni "piccanti".

BG 1938

di Demis Vescovi

tecnica build

INGREDIENTI

vino rosso taglio bordolese (es. Valcalepio rosso doc) 2,5 cl (¾ oz)
Bourbon whiskey 4,5 cl (1½ oz)
succo di lime fresco 1 cl (¼ oz)
zucchero a velo 1 cucchiaino 7 gr (circa)
menta fresca 7 gr (circa)

PREPARAZIONE

Versate in un tumbler basso 1 cl (¼ oz) di succo di lime fresco precedentemente misurato in un cilindro graduato (jigger), 7 gr (circa) di zucchero a velo e 4,5 cl (1½ oz) di Bourbon whiskey. Con un cucchiaino a manico lungo sciogliete il tutto e aggiungete 7 gr (circa) di menta massaggiata con le mani. Aggiungete abbondante ghiaccio a scaglie (o tritato) e mescolate nuovamente con un cucchiaino a manico lungo. Colmate con 2,5 cl (¾ oz) di vino rosso. Decorate con germogli di menta, zucchero a pioggia e cannucce.

USO CONSIGLIATO

Ottimo drink aperitivo.

GRADI ALCOLICI: 17,3
CALORIE: 232

GRADI ALCOLICI: 10,8
CALORIE: 218

BLACK EGG

tecnica shake & strain

INGREDIENTI

tequila 3 cl (1 oz)
liquore al caffè 2,5 cl (¾ oz)
1 tuorlo d'uovo 2,5 cl (¾ oz circa)
crema di latte (panna) 2,5 cl (¾ oz)

PREPARAZIONE

In un cilindro graduato (jigger) misurate 3 cl (1 oz) di tequila e versateli in uno shaker. Ripetete l'operazione con 2,5 cl (¾ oz) di liquore al caffè e 2,5 cl (¾ oz) di crema di latte. Unite 1 tuorlo d'uovo (2,5 cl - ¾ oz circa) precedentemente misurato in un cilindro graduato (jigger) e alcuni cubetti di ghiaccio. Agitate il tutto per qualche secondo e, trattenendo il ghiaccio con un passino (strainer), versate in una coppetta raffreddata in freezer, decorando con chicchi di caffè.

USO CONSIGLIATO

Eccellente drink energetico, consigliato per affrontare le giornate particolarmente impegnative.

BLACK FLY

tecnica shake & strain

GRADI ALCOLICI: 21,8
CALORIE: 214

INGREDIENTI

brandy o cognac 4,5 cl (1 ½ oz)
liquore al caffè 2,5 cl (¾ oz)
liquore all'albicocca 3 cl (1 oz)

PREPARAZIONE

In un cilindro graduato (jigger) misurate 4,5 cl (1 ½ oz) di brandy o cognac e versateli in uno shaker. Ripetete l'operazione con 2,5 cl (¾ oz) di liquore al caffè e 3 cl (1 oz) di liquore all'albicocca. Aggiungete alcuni cubetti di ghiaccio e agitate il tutto per qualche secondo. Trattenendo il ghiaccio con un passino (strainer), versate in una coppetta raffreddata in freezer e servite.

USO CONSIGLIATO

Drink eccellente sia come digestivo, sia per accompagnare ogni momento della giornata.

GRADI ALCOLICI: 23,6

CALORIE: 150

48 ORE

Questo film d'azione del 1982 di enorme successo fece conoscere al grande pubblico l'allora comico del Saturday Night Live Eddie Murphy e in breve trasformò il Black Russian, cocktail protagonista in una delle sequenze del poliziesco, come uno dei drink più richiesti dal pubblico giovanile nei locali di tutto il mondo.

BLACK RUSSIAN

tecnica build

INGREDIENTI

vodka secca 6 cl (2 oz)
liquore al caffè 4 cl (1 ¼ oz)

PREPARAZIONE

In un cilindro graduato (jigger) misurate 6 cl (2 oz) di vodka secca e versateli in un tumbler basso colmo di ghiaccio. Ripetete l'operazione con 4 cl (1 ¼ oz) di liquore di caffè. Mescolate il tutto con un cucchiaino a manico lungo e servite, decorando con 2 cannucce corte.

USO CONSIGLIATO

Drink dalle eccellenti proprietà digestive.

BLACK WINE

tecnica build

INGREDIENTI

Moscato 4,5 cl (1 ½ oz)
liquore al caffè 4,5 cl (1 ½ oz)

PREPARAZIONE

In un cilindro graduato (jigger) misurate 4,5 cl (1 ½ oz) di Moscato e versateli in un tumbler basso colmo di ghiaccio. Ripetete l'operazione con 4,5 cl (1 ½ oz) di liquore al caffè. Mescolate con un cucchiaino a manico lungo e servite, decorando con 2 cannucce corte e alcuni chicchi di caffè.

USO CONSIGLIATO

Ottimo digestivo pranzo-cena.

GRADI ALCOLICI: 14,2
CALORIE: 166

GRADI ALCOLICI: 19,2
CALORIE: 143

BLUE ANGEL

tecnica shake & strain

INGREDIENTI

gin 3 cl (1 oz)
Cointreau o triple sec 2,5 cl (¾ oz)
Blue Curaçao 2,5 cl (¾ oz)
succo di limone o di lime 1,5 cl (½ oz)

PREPARAZIONE

In un cilindro graduato (jigger) misurate 3 cl (1 oz) di gin e versateli in uno shaker. Ripetete l'operazione con 2,5 cl (¾ oz) di Cointreau o triple sec, 2,5 cl (¾ oz) di Blue Curaçao e 1,5 cl (½ oz) di succo di limone o di lime. Aggiungete qualche cubetto di ghiaccio e agitate con forza per pochi secondi. Trattenendo il ghiaccio con un passino (strainer), versate in una coppetta da cocktail precedentemente raffreddata in freezer e servite.

USO CONSIGLIATO

Delizioso digestivo, ottimo pomeriggio e sera.

BLU WINE

tecnica shake & strain

GRADI ALCOLICI: 7,7
CALORIE: 112

INGREDIENTI

Porto bianco 3 cl (1 oz)
Cointreau o triple sec 2,5 cl (¾ oz)
Blue Curaçao 1,5 cl (½ oz)
succo di limone o di lime 1,5 cl (½ oz)

PREPARAZIONE

In un cilindro graduato (jigger) misurate 3 cl (1 oz) di Porto bianco e versatelo in uno shaker. Ripetete l'operazione con 2,5 cl (¾ oz di Cointreau o triple sec, 1,5 cl (½ oz) di Blue Curaçao e 1,5 cl (½ oz) di succo di limone o di lime. Aggiungete qualche cubetto di ghiaccio e agitate energicamente per qualche secondo. Trattenendo il ghiaccio con un passino (strainer), versate in una coppetta da cocktail precedentemente raffreddata in freezer e servite, decorando con uno spiedino di uva bianca e dei riccioli di scorzetta di limone.

USO CONSIGLIATO

Eccellente come digestivo, buono a tutte le ore.

BRACCO

tecnica build

INGREDIENTI

Brachetto 6 cl (2 oz)
Aperol 9 cl (3 oz)

PREPARAZIONE

In un cilindro graduato (jigger) misurate 6 cl (2 oz) di Brachetto e versateli in un tumbler alto colmo di ghiaccio. Ripetete l'operazione con 9 cl (3 oz) di Aperol. Mescolate delicatamente con un cucchiaino a manico lungo e servite, decorando con 2 cannucce lunghe e qualche fragola.

USO CONSIGLIATO

Delicato aperitivo amato dal pubblico femminile.

GRADI ALCOLICI: 6,8
CALORIE: 66

CAIPI SWEET VERMOUTH

tecnica muddler

INGREDIENTI

½ lime
zucchero bianco o di canna 20 gr (circa)
vermouth bianco 6 cl (2 oz)

PREPARAZIONE

Disponete in un tumbler basso ½ lime tagliato a cubetti e 20 gr (circa) di zucchero. Pestateli con un pestello, fino a ottenere una poltiglia. Riempite il bicchiere con ghiaccio a cubetti o tritato e aggiungete 6 cl (2 oz) di vermouth bianco precedentemente misurati in un cilindro graduato (jigger). Mescolate per qualche secondo con un cucchiaino a manico lungo in modo da amalgamare al meglio gli ingredienti. Servite, decorando con 2 cannucce corte.

USO CONSIGLIATO

Ottimo aperitivo. Buono per tutto il giorno.

GRADI ALCOLICI: 10,3
CALORIE: 112

GRADI ALCOLICI: 16,6
CALORIE: 214

CAIPIGRAPPA

tecnica muddler

INGREDIENTI

grappa bianca 6 cl (2 oz)
½ lime
zucchero bianco o di canna
20 gr (circa)

PREPARAZIONE

Adagiate in un tumbler basso ½ lime tagliato a cubetti e unite 20 gr (circa) di zucchero bianco o di canna. Pestate il tutto con un pestello fino a ottenere una poltiglia. Colmate il tumbler di ghiaccio tritato e aggiungete 6 cl (2 oz) di grappa bianca precedentemente misurata in un cilindro graduato (jigger). Mescolate energicamente il tutto con un cucchiaino a manico lungo e servite, decorando con 2 cannucce corte.

USO CONSIGLIATO

Ottimo drink digestivo, ideale per tutta la serata.

CAIPIRITA

tecnica muddler

GRADI ALCOLICI: 16,6
CALORIE: 208

INGREDIENTI

tequila chiara 6 cl (2 oz)
zucchero bianco o di canna
20 gr (circa)
½ lime

PREPARAZIONE

Adagiate in un tumbler basso ½ lime tagliato a cubetti e aggiungete 20 gr (circa) di zucchero. Con un pestello, pestate il tutto fino a ottenere una poltiglia. Unite 6 cl (2 oz) di tequila chiara precedentemente misurati in un cilindro graduato (jigger) e colmate fin quasi all'orlo con del ghiaccio tritato. Mescolate energicamente per qualche secondo con un cucchiaino a manico lungo e servite, decorando con 2 cannucce corte.

USO CONSIGLIATO

Ottimo drink dissetante che ben si sposa alla cucina messicana.

GRADI ALCOLICI: 18,6
CALORIE: 222

CAIPIRITA ANEJO

tecnica muddler

INGREDIENTI

tequila invecchiato 6 cl (2 oz)
zucchero bianco o di canna
20 gr (circa)
½ lime o ¼ arancia fresca

PREPARAZIONE

Adagiate in un tumbler basso ½ lime o ¼ di arancia tagliati a cubetti e aggiungete 20 gr (circa) di zucchero. Con un pestello, pestate il tutto fino a ottenere una poltiglia. Unite 6 cl (2 oz) di tequila invecchiato precedentemente misurati in un cilindro graduato (jigger) e colmate fin quasi all'orlo con del ghiaccio tritato. Mescolate energicamente per qualche secondo con un cucchiaino a manico lungo e servite, decorando con 2 cannucce corte.

USO CONSIGLIATO

Drink ideale a ogni momento della serata.

CARUSO

tecnica shake & strain

GRADI ALCOLICI: 17,2
CALORIE: 139

INGREDIENTI

gin 3 cl (1 oz)
vermouth dry 3 cl (1 oz)
crema di menta verde 3 cl (1 oz)

PREPARAZIONE

In un cilindro graduato (jigger) misurate 3 cl (1 oz) di gin e versateli in uno shaker. Ripetete l'operazione con 3 cl (1 oz) di vermouth dry e 3 cl (1 oz) di crema di menta verde. Aggiungete alcuni cubetti di ghiaccio e agitate con forza per pochi secondi. Trattenendo il ghiaccio con un passino (strainer), servite in una coppetta da cocktail precedentemente raffreddata in freezer.

USO CONSIGLIATO

Godibilissimo drink per i dopo cena.

GRADI ALCOLICI: 11,3
CALORIE: 124

CASANOVA

tecnica muddler

INGREDIENTI

½ lime
zucchero bianco o di canna 20 gr (circa)
vermouth dry 6 cl (2 oz)
fragole 3-4

PREPARAZIONE

Disponete in un tumbler basso ½ lime tagliato a cubetti, 20 gr (circa) di zucchero e 3-4 fragole. Pestateli con un pestello, fino a ottenere una poltiglia. Riempite il bicchiere con ghiaccio a cubetti o tritato e aggiungete 6 cl (2 oz) di vermouth dry precedentemente misurati in un cilindro graduato (jigger). Mescolate per qualche secondo con un cucchiaino a manico lungo, in modo da amalgamare al meglio gli ingredienti. Servite, decorando con 2 cannucce corte e 1 fragola.

USO CONSIGLIATO

Ottimo aperitivo. Buono per tutto il giorno.

DAIQUIRI

tecnica shake & strain

GRADI ALCOLICI: 14,7
CALORIE: 116

PRISCILLA - LA REGINA DEL DESERTO

Una delle protagoniste di questo piccolo capolavoro cinematografico e di inclusività made in Australia del 1994 è Bernadette (Terence Stamp). Durante un viaggio catartico a base di musica, coreografie e incontri inattesi a bordo di Priscilla, è proprio lei a ordinare in un bar un Lime Daiquiri, cocktail che fino ad allora veniva realizzato esclusivamente con il limone.

INGREDIENTI

rum chiaro o ambrato 4,5 cl (1½ oz)
succo di limone o di lime 3 cl (1 oz)
sciroppo di zucchero Mixer 1,5 cl (½ oz)

PREPARAZIONE

In un cilindro graduato (jigger) misurate 4,5 cl (1½ oz) di rum chiaro o ambrato e versateli in uno shaker. Ripetete l'operazione con 3 cl (1 oz) di succo di limone o di lime e 1,5 cl (½ oz) di zucchero liquido. Aggiungete alcuni cubetti di ghiaccio e agitate energicamente per qualche secondo. Trattenendo il ghiaccio con un passino (strainer), versate in una coppetta raffreddata in freezer e servite.

USO CONSIGLIATO

Eccellente dissetante.

GRADI ALCOLICI: 21,8
CALORIE: 185

DAY DREAM

tecnica shake & strain

INGREDIENTI

whiskey americano 4,5 cl (1 ½ oz)
crema di menta verde 2,5 cl (¾ oz)
amaro italiano (si consiglia il Rabarbaro Zucca) 2,5 cl (¾ oz)

PREPARAZIONE

In un cilindro graduato (jigger) misurate 4,5 cl (1 ½ oz) di whiskey americano e versateli in uno shaker. Ripetete l'operazione con 2,5 cl (¾ oz) di crema di menta verde e 2,5 cl (¾ oz) di Rabarbaro Zucca. Aggiungete qualche cubetto di ghiaccio e agitate energicamente per alcuni secondi. Trattenendo il ghiaccio con un passino (strainer), versate in un tumbler basso colmo di ghiaccio e servite.

USO CONSIGLIATO

Drink dalle sorprendenti proprietà digestive, ottimo in qualunque momento della serata.

FRENCH CONNECTION

tecnica build

GRADI ALCOLICI: 25,6
CALORIE: 164

INGREDIENTI

cognac o brandy 4,5 cl (1 ½ oz)
Amaretto Disaronno 4,5 cl (1 ½ oz)

PREPARAZIONE

In un cilindro graduato (jigger) misurate 4,5 cl (1 ½ oz) di cognac o brandy e versateli in un tumbler basso colmo di ghiaccio. Ripetete l'operazione con 4,5 cl (1 ½ oz) di Amaretto Disaronno. Mescolate con un cucchiaino a manico lungo e servite.

USO CONSIGLIATO

Eccellente digestivo, adatto a ogni ora della sera.

GRADI ALCOLICI: 23,6
CALORIE: 182

GODFATHER

tecnica build

IL PADRINO

Questo cocktail rappresenta la massima espressione di come il Cinema sia capace di influenzare la cultura popolare, storia del bere miscelato compresa. Il Godfather venne infatti creato negli Stati Uniti nel 1972 per celebrare l'uscita del film, onorando in particolar modo la memorabile performance di Marlon Brando nell'interpretare Don Vito Corleone.

INGREDIENTI

whisky blended scozzese 4,5 cl (1 ½ oz)
Amaretto Disaronno 4,5 cl (1 ½ oz)

PREPARAZIONE

In un cilindro graduato (jigger) misurate 4,5 cl (1 ½ oz) di whisky blended scozzese e versateli in un tumbler basso colmo di ghiaccio. Ripetete l'operazione con 4,5 cl (1 ½ oz) di Amaretto Disaronno. Mescolate con un cucchiaino a manico lungo e servite.

USO CONSIGLIATO

Cocktail perfetto per il dopo cena.

GODMOTHER

tecnica build

GRADI ALCOLICI: 23,4
CALORIE: 189

INGREDIENTI

vodka secca 4,5 cl (1 ½ oz)
Amaretto Disaronno 4,5 cl (1 ½ oz)

PREPARAZIONE

In un cilindro graduato (jigger) misurate 4,5 cl (1 ½ oz) di vodka secca e versateli in un tumbler basso colmo di ghiaccio. Ripetete l'operazione con 4,5 cl (1 ½ oz) di Amaretto Disaronno. Mescolate con un cucchiaino a manico lungo e servite.

USO CONSIGLIATO

Ottimo drink digestivo, consigliato soprattutto in serata.

GRIGIO-VERDE

tecnica build

INGREDIENTI

grappa bianca 6 cl (2 oz)
liquore di menta verde 4 cl (1 ¼ oz)

PREPARAZIONE

In un cilindro graduato (jigger) misurate 6 cl (2 oz) di grappa bianca e versateli in un tumbler basso colmo di ghiaccio. Ripetete l'operazione con 4 cl (1 ¼ oz) di liquore di menta verde. Mescolate il tutto con un cucchiaino a manico lungo e servite, decorando con 1 bel rametto di menta fresca e 2 cannucce corte.

USO CONSIGLIATO

Ottimo digestivo, perfetto da consumarsi anche nel corso della serata.

GRADI ALCOLICI: 21,6
CALORIE: 168

IL SENSO DI ELISA PER IL MESSICO

di Silvia Duzioni

tecnica stir & strain

INGREDIENTI

tequila chiaro 4,5 cl (1 ½ oz)
Cointreau o triple sec 3 cl (1 oz)
sciroppo di amaretto Mixer 1,5 cl (½ oz)
foglie di menta 5-6
scorza d'arancia

PREPARAZIONE

In una caraffa di vetro (mixing glass) adagiate le foglie di menta, pressandole leggermente. In un cilindro graduato (jigger) misurate 4,5 cl (1 ½ oz) di tequila chiaro e versatelo nella caraffa. Ripetete l'operazione con 3 cl (1 oz) di Cointreau o triple sec e con 1,5 cl (½ oz) di sciroppo di amaretto. Mescolate per qualche secondo con un cucchiaino a manico lungo e aggiungete qualche cubetto di ghiaccio. Mescolate nuovamente più a lungo e, trattenendo il ghiaccio con un doppio passino (double strainer), versate il tutto in una coppetta precedentemente raffreddata in freezer. Premendo tra le le dita una scorza d'arancia, vaporizzate la superficie del drink con gli oli essenziali rilasciati dalla stessa e servite.

USO CONSIGLIATO

Ottimo in qualsiasi momento della serata. Perfetto per il dopocena.

GRADI ALCOLICI: 24,2
CALORIE: 177

GRADI ALCOLICI: 22,4
CALORIE: 172

LEMON DROP MARTINI

tecnica shake & strain

INGREDIENTI

vodka al limone 3 cl (1 oz)
Cointreau o triple sec 2,5 cl (¾ oz)
succo di limone o lime 1,5 cl (½ oz)

PREPARAZIONE

In un cilindro graduato (jigger) misurate 3 cl (1 oz) di vodka al limone e versateli in uno shaker. Ripetete l'operazione con 2,5 cl (¾ oz) di Cointreau o triple sec e 1,5 cl (½ oz) di succo di limone o lime. Aggiungete qualche cubetto di ghiaccio e agitate energicamente per alcuni secondi. Trattenendo il ghiaccio con un passino (strainer), versate in una coppetta da cocktail raffreddata in freezer e servite, decorando con 1 Chupa Chups al limone (facoltativo).

USO CONSIGLIATO

Ottimo digestivo, perfetto per tutta la serata.

MEDITERRANEAN GIMLET

di Francesco Drago

tecnica shake & strain

INGREDIENTI

gin 6 cl (2 oz)
succo di limone fresco 3 cl (1 oz)
sciroppo allo zenzero Mixer 1,5 cl (½ oz)
2 gocce (dash) di mediterraneo aromatic bitter Sirene
basilico fresco 2-3 foglie

PREPARAZIONE

In un cilindro graduato (jigger) misurate 6 cl (2 oz) di gin e versateli in uno shaker. Ripetete l'operazione con 3 cl (1 oz) di succo di limone e 1,5 cl (½ oz) di sciroppo allo zenzero. Aggiungete 2 gocce (dash) di bitter, il basilico e il rosmarino, mescolando successivamente il tutto con un cucchiaino a manico lungo, in modo che gli aromi rilascino gli oli essenziali. Aggiungete infine qualche cubetto di ghiaccio e agitate energicamente per alcuni secondi. Trattenendo il ghiaccio con un un doppio passino (double strainer), versate in un tumbler basso colmo di ghiaccio e servite, decorando con 1 rametto di rosmarino, foglie di basilico e scorza di limone.

USO CONSIGLIATO

Ottimo drink da gustare a tutte le ore.

GRADI ALCOLICI: 16,7
CALORIE: 179

MEDITERRANEO

tecnica muddler

INGREDIENTI

Marsala secco 6 cl (2 oz)
zucchero bianco o di canna
20 gr (circa)
menta fresca 3 gr (circa)
basilico fresco 3 gr (circa)
acqua minerale frizzante o soda
6 cl (2 oz)
½ lime

PREPARAZIONE

Disponete in un tumbler alto ½ lime tagliato a cubetti. Aggiungete 20 gr (circa) di zucchero e pestate il tutto con un pestello, fino a ottenere una poltiglia. Aggiungete 3 gr (circa) di menta e 3 gr (circa) di basilico, pressando il tutto delicatamente. Riempite il bicchiere con ghiaccio a cubetti o tritato e aggiungete 6 cl (2 oz) di Marsala secco. Allungate fino al bordo con 6 cl (2 oz) di acqua frizzante o soda. Con un cucchiaino a manico lungo mescolate per qualche secondo. Servite, decorando con 2 cannucce lunghe, 1 rametto di menta fresca e1 rametto di basilico.

USO CONSIGLIATO

Fantastico aperitivo.

GRADI ALCOLICI: 6,4
CALORIE: 178

MEZCALIBUR

tecnica shake & strain

INGREDIENTI

mezcal 4,5 cl (1 ½ oz)
liquore di menta verde 2,5 cl (¾ oz)
Maraschino 1,5 cl (½ oz)
succo d'ananas 9 cl (3 oz)

PREPARAZIONE

In un cilindro graduato (jigger) misurate 4,5 cl (1 ½ oz) di mezcal e versateli in uno shaker. Ripetete l'operazione con 2,5 cl (¾ oz) di liquore di menta verde, 1,5 cl (½ oz) di Maraschino e 9 cl (3 oz) di succo d'ananas. Aggiungete qualche cubetto di ghiaccio e agitate energicamente per qualche secondo. Trattenendo il ghiaccio con un passino (strainer), versate in un tumbler alto colmo di ghiaccio e servite, decorando con ½ fetta d'ananas, ½ fetta d'arancia, 1 bel ciuffetto di menta fresca e 2 cannucce lunghe.

USO CONSIGLIATO

Long drink particolarmente indicato per lenire la calura dei mesi estivi.

GRADI ALCOLICI: 17,3
CALORIE: 174

MODÌ

di Filippo Fratton

tecnica build

INGREDIENTI

Amaretto Disaronno 3,75 cl (1 ¼ oz)
Moscato d'Asti docg 2,5 cl (¾ oz)
succo d'arancia non rossa 9 cl (3 oz)
sciroppo di granatina Mixer 1,5 cl (½ oz)

PREPARAZIONE

In un cilindro graduato (jigger) misurate 3,75 cl (1 ¼ oz) di Amaretto Disaronno e versateli in un tumbler alto pieno di ghiaccio. Ripetete l'operazione con 2,5 cl (¾ oz) di Moscato d'Asti docg e 9 cl (3 oz) di succo d'arancia non rossa. Mescolate delicatamente il tutto con un cucchiaino a manico lungo e aggiungete 1,5 cl (½ oz) di sciroppo di granatina. Decorate con ½ spicchio d'arancia e ciliegine da cocktail.

USO CONSIGLIATO

Drink che si sposa perfettamente con ogni momento della giornata.

GRADI ALCOLICI: 14
CALORIE: 160

MOJITO DIGESTIVO

tecnica muddler

INGREDIENTI

grappa bianca 2,5 cl (¾ oz)
Amaro Braulio 2,5 cl (¾ oz)
Amaro Ramazzotti (o altri amari digestivi italiani) 2,5 cl (¾ oz)
½ lime
menta fresca 7 gr (circa)
zucchero bianco o di canna 20 gr (circa)
soda water o acqua minerale frizzante 6 cl (2 oz)

PREPARAZIONE

Adagiate in un tumbler alto ½ lime tagliato a cubetti e unite 20 gr (circa) di zucchero. Pestate il tutto con un pestello fino a ottenere una poltiglia. Aggiungete 7 gr (circa) di menta fresca, pressandola delicatamente. Colmate il tumbler di ghiaccio tritato o a cubetti e aggiungete 2,5 cl (¾ oz) di Amaro Braulio, 2,5 cl (¾ oz) di grappa bianca e 2,5 cl (¾ oz) di Amaro Ramazzotti precedentemente misurati in un cilindro graduato (jigger). Allungate fin quasi al bordo con 6 cl (2 oz) di soda water o acqua minerale frizzante e mescolate con un cucchiaino a manico lungo, in modo che tutti gli ingredienti si amalgamino al meglio. Servite, decorando con 1 bel rametto di menta e 2 cannucce lunghe.

USO CONSIGLIATO

Eccellente drink digestivo.

GRADI ALCOLICI: 12,7

CALORIE: 184

GRADI ALCOLICI: 9,8
CALORIE: 195

MOJITO VETERINARIO

tecnica muddler

INGREDIENTI

Amaro Montenegro 6 cl (2 oz)
½ lime
menta fresca 7 gr (circa)
zucchero bianco o di canna 20 gr (circa)
soda water o acqua minerale frizzante 6 cl (2 oz)

PREPARAZIONE

Adagiate ½ lime tagliato a cubetti in un tumbler alto e aggiungete 20 gr (circa) di zucchero. Pestate il tutto con un pestello fino a ottenere una poltiglia. Aggiungete le foglie di menta fresca e pressatele leggermente. Colmate il bicchiere con ghiaccio tritato o a cubetti e versatevi 6 cl di Amaro Montenegro precedentemente misurato in un cilindro graduato (jigger). Allungate fin quasi al bordo con 6 cl (2 oz) di soda water o acqua minerale frizzante e mescolate il tutto con un cucchiaino a manico lungo, in modo che gli ingredienti si amalgamino al meglio. Servite, decorando con 1 rametto di menta fresca e 2 cannucce lunghe.

USO CONSIGLIATO

Eccellente digestivo adatto a qualunque ora della sera.

OLD FASHIONED

tecnica build

GRADI ALCOLICI: 17,2
CALORIE: 180

CRAZY STUPID LOVE

Uno dei protagonisti di questa gradevole commedia dolce amara del 2011 è Ryan Gosling. L'attore interpreta Jacob Palmer, affascinante latin lover impegnato a insegnare a Cal Weaver (Steve Carell) le sue efficaci tecniche di conquista. Nel film lo vediamo utilizzare l'Old Fashoined come vincente tecnica di seduzione con una delle sue prede, sebbene le cose alla fine non andranno come aveva programmato e, sia lui che Cal, saranno portati a riflettere sulle giuste modalità con cui approciarsi e rapportarsi con l'altro sesso.

INGREDIENTI

whiskey americano 6 cl (2 oz)
angostura 2-3 gocce (dash)
acqua minerale naturale 3 cl (1 oz)
zucchero bianco in zolletta

PREPARAZIONE

Disponete sul fondo di un tumbler basso 1 zolletta di zucchero bianco, inumidendola con 2-3 gocce (dash) di angostura. In un cilindro graduato (jigger) misurate 3 cl (1 oz) di acqua minerale naturale e aggiungetela nel bicchiere. Colmate con del ghiaccio e unite 6 cl (2 oz) di whiskey precedentemente misurato in un cilindro graduato (jigger). Mescolate delicatamente con un cucchiaino a manico lungo e servite, decorando con 1 ciliegina da cocktail, ½ fetta d'arancia e 2 cannucce corte.

USO CONSIGLIATO

Ottimo aperitivo o durante tutta la serata.

GRADI ALCOLICI: 14,8

CALORIE: 174

PINK COCKTAIL CHAMPAGNE

tecnica build

INGREDIENTI

brandy o cognac 1,5 cl (½ oz)
Champagne rosé o spumante brut rosé 9 cl (3 oz)
1 zolletta di zucchero
Grand Marnier 1,5 cl (½ oz)
angostura 2-3 gocce (dash)

PREPARAZIONE

Adagiate in una coppetta (o calice da vino) raffreddata in freezer 1 zolletta di zucchero, inumidendola con 2-3 gocce (dash) di angostura. Aggiungete 1,5 cl (½ oz) di brandy o cognac e 1,5 cl (½ oz) di Grand Marnier precedentemente misurati in un cilindro graduato (jigger). Ripetete l'operazione con 9 cl (3 oz) di Champagne rosé o spumante brut rosé molto freschi. Mescolate delicatamente il tutto con un cucchiaino a manico lungo e servite, decorando con ½ fetta d'arancia e ciliegine da cocktail.

USO CONSIGLIATO

Ottimo aperitivo amato dal pubblico femminile.

RUSTY NAIL

tecnica build

GRADI ALCOLICI: 26,2
CALORIE: 184

INGREDIENTI

whisky blended scozzese 6 cl (2 oz)
Drambuie 3 cl (1 oz)

PREPARAZIONE

In un cilindro graduato (jigger) misurate 6 cl (2 oz) di whisky e versateli in un tumbler basso colmo di ghiaccio. Ripetete l'operazione con 3 cl (1 oz) di Drambuie. Mescolate per qualche secondo con un cucchiaino a manico lungo e servite.

USO CONSIGLIATO

Eccellente drink digestivo, perfetto dopo una cena abbondante.

SAMOS MARTINI

tecnica stir & strain

INGREDIENTI

vodka secca 6 cl (2 oz)
Samos dolce 3 cl (1 oz)

PREPARAZIONE

In un cilindro graduato (jigger) misurate 6 cl (2 oz) di vodka secca e versatela in una caraffa trasparente (mixing glass). Ripetete l'operazione con 3 cl (1 oz) di Samos dolce e aggiungete diversi cubetti di ghiaccio. Mescolate con un cucchiaino a manico lungo e, trattenendo il ghiaccio con un passino (strainer), versate il tutto in una coppetta da cocktail precedentemente raffreddata in freezer. Servite, decorando con 1 scorzetta di limone e 2 acini di uva infilzati su uno stecchino lungo.

USO CONSIGLIATO

Ottimo digestivo. Buono a tutte le ore.

GRADI ALCOLICI: 12,2
CALORIE: 142

SAZERAC TWIST ON THE ROCKS

tecnica stir & strain

INGREDIENTI

whiskey americano 3 cl (1 oz)
brandy o cognac 2,5 cl (¾ oz)
Assenzio 1,5 cl (½ oz)
1 zolletta di zucchero
angostura 2-3 gocce (dash)

PREPARAZIONE

In un cilindro graduato (jigger) misurate 3 cl (1 oz) di whiskey americano e versateli in una caraffa trasparente (mixing glass). Ripetete l'operazione con 2,5 cl (¾ oz) di brandy o cognac e 1,5 cl (½ oz) di Assenzio. Aggiungete la zolletta di zucchero precedentemente ammorbidita con 2-3 gocce (dash) di angostura e del ghiaccio. Mescolate successivamente il tutto con un cucchiaino a manico lungo e, trattenendo il ghiaccio con un passino (strainer), versate in un tumbler basso colmo di ghiaccio e servite, decorando con della scorza di limone.

USO CONSIGLIATO

Ottimo aperitivo.

GRADI ALCOLICI: 26,5
CALORIE: 258

IL CURIOSO CASO DI BENJAMIN BUTTON

Meravigliosa opera venata di fantastico, ispirata da un celebre racconto di Francis Scott Fitzgerald, questo film del 2008 racconta in flashback la sorprendente vita del protagonista "nato già vecchio" e interpretato da Brad Pitt. Si inizia dalla New Orleans degli anni '20, dove il Sazerac era particolarmente apprezzato, tanto che in una sequenza iniziale lo sentiamo ordinare.

GRADI ALCOLICI: 22,8
CALORIE: 168

SIDECAR

tecnica shake & strain

INGREDIENTI

cognac o brandy 4,5 cl (1 ½ oz)
Cointreau o triple sec 2,5 cl (¾ oz)
succo di limone o lime 2,5 cl (¾ oz)

PREPARAZIONE

In un cilindro graduato (jigger) misurate 4,5 cl (1 ½ oz) di brandy o cognac e versateli in uno shaker. Ripetete l'operazione con 2,5 cl (¾ oz) di Cointreau o triple sec e 2,5 cl (¾ oz) di succo di limone o lime. Aggiungete qualche cubetto di ghiaccio e agitate il tutto per alcuni secondi. Trattenendo il ghiaccio con un passino (strainer), versate in una coppetta raffreddata in freezer e servite.

USO CONSIGLIATO

Meraviglioso digestivo, adatto a qualunque momento della serata.

STINGER

tecnica shake & strain

GRADI ALCOLICI: 22,8
CALORIE: 168

INGREDIENTI

cognac o brandy 6 cl (2 oz)
crema di menta bianca 3 cl (1 oz)

PREPARAZIONE

In un cilindro graduato (jigger) misurate 6 cl (2 oz) di cognac o brandy e versateli in uno shaker. Ripetete l'operazione con 3 cl (1 oz) di crema di menta bianca. Aggiungete alcuni cubetti di ghiaccio e agitate energicamente per qualche secondo. Trattenendo il ghiaccio con un passino (strainer), versate in una coppetta raffreddata in freezer e servite.

USO CONSIGLIATO

Cocktail digestivo considerato tra i migliori al mondo.

GRADI ALCOLICI: 23,5
CALORIE: 280

STINGER ICE

tecnica blender

INGREDIENTI

brandy 4,5 (1½ oz)
crema di menta bianca 4,5 (1½ oz)
gelato gusto limone 100 gr (circa)

PREPARAZIONE

In un cilindro graduato (jigger) misurate 4,5 (1½ oz) di brandy e versateli in un frullatore. Ripetete l'operazione con 4,5 (1½ oz) di crema di menta. Aggiungete 100 gr (circa) di gelato gusto limone e ½ tumbler basso di ghiaccio tritato. Frullate per 15-20 secondi e versate il tutto in un tumbler alto. Servite, decorando con 1 fetta di limone, 1 rametto di menta fresca e 2 cannucce lunghe.

USO CONSIGLIATO

Ottimo drink digestivo e dissetante.

STRAWBERRY DAIQUIRI FROZEN

tecnica blender

GRADI ALCOLICI: 10,2
CALORIE: 89

INGREDIENTI

rum chiaro o ambrato 4,5 cl (1 ½ oz)
succo di lime o di limone 2,5 cl (¾ oz)
sciroppo di zucchero Mixer 2,5 cl (¾ oz)
fragole fresche 3-4
purea di fragola Mixer 1,5 cl (½ oz)

PREPARAZIONE

In un cilindro graduato (jigger) misurate 4,5 cl (1 ½ oz) di rum e travasateli in un frullatore. Ripetete l'operazione con 2,5 cl (¾ oz) di sciroppo di zucchero, 2,5 cl (¾ oz) di succo di lime o limone e 1,5 cl (½ oz) di purea di fragola. Aggiungete 1 tumbler alto di ghiaccio tritato e 3-4 fragole fresche. Frullate per 15-20 secondi e versate il tutto nel tumbler. Servite, decorando con fragole e 2 cannucce lunghe.

USO CONSIGLIATO

Bevanda particolarmente dissetante, ideale da gustare in ogni momento della giornata.

SWEET AFTER EIGHT

tecnica blender

INGREDIENTI

crema di menta bianca o liquore alla menta 4,5 cl (1 ½ oz)
liquore al cioccolato 4,5 cl (1 ½ oz)
Moscato 6 cl (2 oz)

PREPARAZIONE

In un cilindro graduato (jigger) misurate 4,5 cl (1 ½ oz) di crema di menta bianca o liquore alla menta e versateli in un frullatore. Ripetete l'operazione con 4,5 cl (1 ½ oz) di liquore al cioccolato. Aggiungete 6 cl (2 oz) di Moscato e ½ tumbler basso di ghiaccio tritato. Frullate per 15-20 secondi e versate il tutto in un tumbler alto. Servite, decorando con 1 rametto di menta fresca e 2 cannucce lunghe.

USO CONSIGLIATO

Ottimo digestivo particolarmente consigliato per i momenti di arsura.

GRADI ALCOLICI: 13,6
CALORIE: 173

THE BEST

tecnica shake & strain

INGREDIENTI

brandy o cognac 4,5 (1 ½ oz)
liquore al caffè 3 cl (1 oz)
Cointreau o triple sec 2,5 cl (¾ oz)

PREPARAZIONE

In un cilindro graduato (jigger) misurate 4,5 (1 ½ oz) di brandy o cognac e versateli in uno shaker. Ripetete l'operazione con 3 cl (1 oz) di liquore al caffè e 2,5 cl (¾ oz) di Cointreau o triple sec. Aggiungete alcuni cubetti di ghiaccio e agitate per qualche secondo. Trattenendo il ghiaccio con un passino (strainer) versate in un tumbler basso colmo di ghiaccio e servite.

USO CONSIGLIATO

Perfetto per il dopo cena e particolarmente indicato come digestivo.

GRADI ALCOLICI: 23,7

CALORIE: 186

TIRAMISÙ ICE

tecnica blender

INGREDIENTI

liquore al caffè 3 cl (1 oz)
liquore all'uovo 3 cl (1 oz)
rum scuro 4,5 cl (1½ oz)
gelato gusto crema o fiordilatte 100 gr (circa)
cacao amaro in polvere

PREPARAZIONE

In un cilindro graduato (jigger) misurate 3 cl (1 oz) di liquore all'uovo e versateli in un frullatore. Ripetete l'operazione con 4,5 cl (1½ oz) di rum e 3 cl (1 oz) di liquore al caffè. Aggiungete 100 gr (circa) di gelato gusto crema o fiordilatte e ½ tumbler basso di ghiaccio tritato. Frullate per 15-20 secondi e versate il tutto in un tumbler alto. Servite, decorando con una spolverata di cacao amaro e 2 cannucce lunghe.

USO CONSIGLIATO

Goloso drink da dessert, ottimo anche come digestivo.

GRADI ALCOLICI: 19
CALORIE: 380

TONY'S

di Antonello Gagliardi

tecnica shake & strain

INGREDIENTI

Porto bianco 3 cl (1 oz)
vodka secca 2,5 cl (¾ oz)
Drambuie 3 cl (1 oz)
whisky 1 cl (¼ oz)

PREPARAZIONE

In un cilindro graduato (jigger) misurate 3 cl (1 oz) di Porto bianco e versateli in uno shaker. Ripetete l'operazione con 2,5 cl (¾ oz) di vodka secca, 3 cl (1 oz) di Drambuie e 1 cl (¼ oz) di whisky. Aggiungete qualche cubetto di ghiaccio e agitate energicamente per qualche secondo. Trattenendo il ghiaccio con un passino (strainer), versate in una coppetta da cocktail precedentemente raffreddata in freezer e servite decorando con 1 rametto di menta e riccioli di scorza di limone e d'arancia.

USO CONSIGLIATO

Ottimo drink digestivo. Buono da gustare lungo tutta la serata.

GRADI ALCOLICI: 22,6
CALORIE: 218

GRADI ALCOLICI: 17,2
CALORIE: 126

TWIST HEMINGWAY DAIQUIRI (PAPA DOBLE)

tecnica blender

INGREDIENTI

rum chiaro 4,5 (1 ½ oz)
succo di pompelmo 2,5 cl (¾ oz)
succo di lime o di limone 2,5 cl (¾ oz)
Maraschino 1,5 (½ oz)

PREPARAZIONE

In un cilindro graduato (jigger) misurate 4,5 (1 ½ oz) di rum chiaro e versateli in un frullatore. Ripetete l'operazione con 1,5 (½ oz) di Maraschino, 2,5 cl (¾ oz) di succo di limone o di lime e 2,5 cl (¾ oz) di succo di pompelmo. Aggiungete 3 cucchiai da cucina di ghiaccio tritato e frullate il tutto per 15 secondi. Versate in un tumbler basso e servite, decorando con 1 spicchio di pompelmo e 2 cannucce corte.

USO CONSIGLIATO

Ottimo drink dissetante.

WHISKY SOUR

tecnica shake & strain

GRADI ALCOLICI: 11,8
CALORIE: 120

QUANDO LA MOGLIE È IN VACANZA

Sovente un buon cocktail può rappresentare un alleato se si desidera sedurre qualcuno. Ciò accade in questa deliziosa commedia del 1955, dove il drink in questione è un Whisky Sour e l'aspirante seduttore è Richard Sherman (Tom Ewell). Quando moglie e figlio partono per le vacanze, l'uomo resta a casa solo per lavoro. Letteralmente folgorato dalla bellezza della vicina del piano di sopra (Marilyn Monroe), Richard inizia a fantasticare pericolosamente...

INGREDIENTI

whisky 4,5 cl (1½ oz)
succo di limone o lime 4 cl (1¼ oz)
sciroppo di zucchero Mixer 2,5 cl (¾ oz)

PREPARAZIONE

In un cilindro graduato (jigger) misurate 4,5 cl (1½ oz) di whisky e versateli in uno shaker. Ripetete l'operazione con 4 cl (1¼ oz) di succo di limone o lime e 2,5 cl (¾ oz) di sciroppo di zucchero. Aggiungete qualche cubetto di ghiaccio e agitate energicamente per alcuni secondi. Trattenendo il ghiaccio con un passino (strainer), versate in una coppetta da cocktail raffreddata in freezer e servite, decorando con 1 ciliegina da cocktail (facoltativa).

USO CONSIGLIATO

Ottimo digestivo, perfetto per tutta la serata.

GRADI ALCOLICI: 22,5
CALORIE: 160

WHITE LADY

tecnica shake & strain

INGREDIENTI

gin 4,5 (1 ½ oz)
Cointreau o triple sec 3 cl (1 oz)
succo di limone o lime 2,5 cl (¾ oz)

PREPARAZIONE

In un cilindro graduato (jigger) misurate 4,5 (1 ½ oz) di gin e versateli in uno shaker. Ripetete l'operazione con 3 cl (1 oz) di Cointreau o triple sec e 2,5 cl (¾ oz) di succo di limone o lime. Aggiungete qualche cubetto di ghiaccio e agitate energicamente il tutto per qualche secondo.
Trattenendo il ghiaccio con un passino (strainer), versate in una coppetta da cocktail raffreddata in freezer e servite.

USO CONSIGLIATO

Cocktail raffinato dalle efficaci proprietà digestive.

WHITE SPIDER

tecnica build

GRADI ALCOLICI: 23,2
CALORIE: 289

INGREDIENTI

vodka secca 4,5 cl (1 ½ oz)
crema di menta bianca 4,5 cl (1 ½ oz)

PREPARAZIONE

In un cilindro graduato (jigger) misurate 4,5 cl (1 ½ oz) di vodka secca e versateli in tumbler basso colmo di ghiaccio. Ripetete l'operazione con 4,5 cl (1 ½ oz) di crema di menta bianca. Mescolate il tutto con un cucchiaino a manico lungo e servite, decorando con un bel rametto di menta fresca e 2 cannucce corte.

USO CONSIGLIATO

Drink dissetante, molto efficace come digestivo.

GRADI ALCOLICI: 9,3
CALORIE: 122

WINE & LIQUORICE

tecnica build

INGREDIENTI

Moscato 4,5 cl (1 ½ oz)
liquore alla liquirizia 4,5 cl (1 ½ oz)

PREPARAZIONE

In un cilindro graduato (jigger) misurate 4,5 cl (1 ½ oz) di Moscato e versateli in un tumbler basso colmo di ghiaccio. Ripetete l'operazione con 4,5 cl (1 ½ oz) di liquore alla liquirizia. Mescolate con un cucchiaino a manico lungo e servite, decorando con 2 cannucce corte e 2 rondelle di liquirizia.

USO CONSIGLIATO

Ottimo digestivo.

WINE APPLE MARTINI

tecnica shake & strain

INGREDIENTI

Lugana bianco 4,5 cl (1 ½ oz)
liquore alla mela 2,5 cl (¾ oz)
Cointreau o triple sec 2,5 cl (¾ oz)

PREPARAZIONE

In un cilindro graduato (jigger) misurate 4,5 cl (1 ½ oz) di Lugana bianco e versateli in uno shaker. Ripetete l'operazione con 2,5 cl (¾ oz) di liquore alla mela e 2,5 cl (¾ oz) di Cointreau o triple sec. Aggiungete dei cubetti di ghiaccio e agitate per qualche secondo. Trattenendo il ghiaccio con un passino (strainer), versate in una coppetta raffreddata in freezer e servite decorando con degli acini di uva bianca.

USO CONSIGLIATO

Ottimo come aperitivo. Buono a tutte le ore del giorno.

GRADI ALCOLICI: 13,3
CALORIE: 165

WINE FRENCH KISS

tecnica build

INGREDIENTI

frullato di fragola o purea di fragola Mixer 3 cl (1 oz)
succo d'ananas 3 cl (1 oz)
spumante brut o Champagne 9 cl (3 oz)

PREPARAZIONE

In un cilindro graduato (jigger) misurate 3 cl (1 oz) di frullato o purea di fragola e versateli in un bicchiere da vino. Ripetete l'operazione con 3 cl (1 oz) di succo d'ananas. Mescolate bene con un cucchiaino a manico lungo e colmate con 9 cl (3 oz) di spumante brut o Champagne molto freschi. Mescolate delicatamente il tutto per qualche secondo e servite, decorando con 1 fragola.

USO CONSIGLIATO

Particolare variante del Rossini ottima come aperitivo. Consigliato anche a tutte le ore della giornata.

GRADI ALCOLICI: 10,3
CALORIE: 104

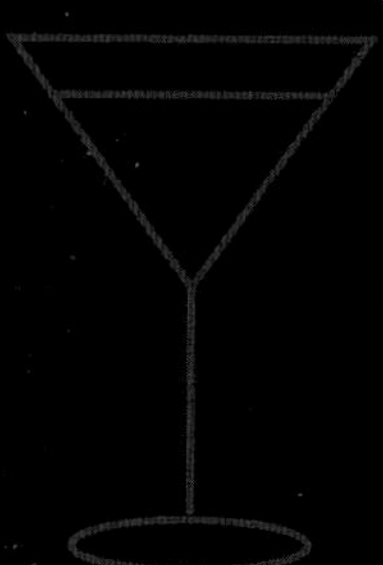

COOL DRINKS

I Cool Drinks sono cocktail da sempre legati al bere di tendenza.
Amati dalle persone che seguono le mode e che ne apprezzano l'originalità e la varietà di gradazione alcolica proposta, furoreggiano soprattutto tra il pubblico giovane più esigente e curioso.
Alcuni Cool Drinks, come la Tequila Bum Bum, l'Original Mojito Cubano, il Kamikaze o il Toro Loco, hanno incontrato un'enorme fortuna e sono divenuti negli anni degli "evergreen" a livello planetario. Molti Cool Drinks sono nati come rivisitazioni dei cocktail classici e hanno puntato ad anticipare, cogliere e soddisfare le mutazioni del gusto e della clientela dei locali. Spiccano quelli nati come interessanti alternative al classico Mojito: Mojito Fidel, Mojito Basito e Passion Mojito hanno raccolto i maggiori consensi, specialmente tra il pubblico femminile, ogni giorno più esigente. Tra i più recenti si distinguono il Moscow Mule, lo Spritz Mojito e il Tommy Margarita, sempre più capaci di animare non solo i banconi dei locali più in, ma anche feste private assolutamente "cool".
Questa famiglia di drink è spesso associata al mondo della moda, del cinema, delle serie televisive e della musica pop e la prolungata fortuna ha trasformato alcuni di questi cocktail in veri e propri classici del bere.
Uno degli esempi più eclatanti è rappresentato dal Cosmopolitan, creato a Miami dalla bartender Cherry Cook su commissione di una rinomata azienda di liquori, desiderosa di lanciare sul mercato un cocktail capace di sposare il gusto più delicato del crescente pubblico femminile. La ricetta miscela liquori, agrumi e succo di cranberry, dando vita a un drink color rosa acceso, servito in un'azzeccatissima ed elegante coppa Martini. Il Cosmopolitan raggiunse il picco della celebrità nella seconda metà degli anni '90 grazie a Madonna. Fu infatti sufficiente un suo scatto alla Rainbow Room sorseggiando Cosmopolitan per renderlo immortale, e ha rafforzato nel tempo la sua fama di cocktail amato da donne moderne, intelligenti e determinate come Carrie Bradshaw e il suo gruppo di amiche in *Sex and the city*.

COOL DRINKS

1989

di Giulia Gobbi

tecnica build

INGREDIENTI

vodka secca 2,5 cl (¾ oz)
vino dolce Albana di Romagna dei colli romagnoli 4,5 cl (1 ½ oz)
acqua tonica 2,5 cl (¾ oz)
succo di ½ spicchio di lime

PREPARAZIONE

In un cilindro graduato (jigger) misurate 2,5 cl (¾ oz) di vodka secca e versateli in un tumbler basso colmo di ghiaccio. Ripetete l'operazione con 4,5 cl (1 ½ oz) di Albana di Romagna. Allungate fin quasi al bordo con 2,5 cl (¾ oz) di acqua tonica e aggiungete il succo di ½ spicchio di lime. Mescolate delicatamente il tutto con un cucchiaino a manico lungo e servite, decorando con ½ spicchio di lime.

USO CONSIGLIATO

Ottimo come aperitivo. Squisito in qualsiasi momento della giornata.

GRADI ALCOLICI: 14,2
CALORIE: 166

ALESSANDRO MASSIMO 2014

tecnica build

INGREDIENTI

Müller-Thurgau 4,5 cl (1 ½ oz)
crema di menta verde 4,5 cl (1 ½ oz)

PREPARAZIONE

In un cilindro graduato (jigger) misurate 4,5 cl (1 ½ oz) di Müller-Thurgau e versateli in un tumbler basso colmo di ghiaccio. Ripetete l'operazione con 4,5 cl (1 ½ oz) di crema di menta verde. Mescolate con un cucchiaino a manico lungo e servite, decorando con 2 cannucce corte, 1 rametto di menta e 1 ciuccio di caramella.

USO CONSIGLIATO

Eccellente e fresco digestivo consigliato per le serate particolarmente afose.

GRADI ALCOLICI: 13,6
CALORIE: 177

GRADI ALCOLICI: 17,8
CALORIE: 320

AFTER EIGHT

tecnica blender

INGREDIENTI

liquore alla menta 4,5 cl (1 ½ oz)
liquore al cioccolato 4,5 cl (1 ½ oz)
gelato gusto menta 50 gr (circa)
gelato gusto cioccolato 50 gr (circa)

PREPARAZIONE

In un cilindro graduato (jigger) misurate 4,5 cl (1 ½ oz) di liquore alla menta e versateli in un frullatore. Ripetete l'operazione con 4,5 cl (1 ½ oz) di liquore al cioccolato. Aggiungete 50 gr (circa) di gelato gusto menta, 50 gr (circa) di gelato gusto cioccolato e ½ tumbler basso di ghiaccio tritato. Frullate per 15-20 secondi e versate tutto in un tumbler alto. Servite, decorando con 1 rametto di menta fresca e 2 cannucce lunghe.

USO CONSIGLIATO

Goloso drink da gustare nell'arco di tutta la serata, buono anche come digestivo.

AMARETTO COLADA

tecnica blender

GRADI ALCOLICI: 15,3

CALORIE: 231

INGREDIENTI

Amaretto Disaronno 4,5 cl (1 ½ oz)
succo d'ananas 6 cl (2 oz)
rum chiaro 2,5 cl (¾ oz)
purea di cocco Mixer 3 cl (1 oz)

PREPARAZIONE

In un cilindro graduato (jigger) misurate 2,5 cl (¾ oz) di rum e travasateli in un frullatore. Ripetete l'operazione con 4,5 cl (1 ½ oz) di Amaretto Disaronno, 6 cl (2 oz) di succo d'ananas e 3 cl (1 oz) di purea di cocco. Aggiungete ½ tumbler basso di ghiaccio tritato e frullate per 15-20 secondi. Versate il tutto in un tumbler alto e servite, decorando ¼ di fetta d'ananas, 2 ciliegine da cocktail e 2 cannucce lunghe.

USO CONSIGLIATO

Long drink particolarmente indicato per le ore pomeridiane.

GRADI ALCOLICI: 18,4
CALORIE: 150

APPLE MARTINI

tecnica shake & strain

THE SOCIAL NETWORK

Nato alla fine degli anni '90, questo drink di tendenza esplode a livello planetario grazie all'uscita dell'atteso The Social Network*, controverso film di David Fincher del 2010 che narra la nascita del social network per eccellenza: Facebook. In una delle sequenze cruciali della pellicola, un giovanissimo Mark Zuckerberg e altri studenti coinvolti nel progetto, discutono sul da farsi, mangiando sushi e accompagnando il tutto con numerosi Apple Martini.*

INGREDIENTI

vodka secca 4,5 cl (1½ oz)
liquore alla mela verde 2,5 cl (¾ oz)
Cointreau o triple sec 2,5 cl (¾ oz)

PREPARAZIONE

In un cilindro graduato (jigger) misurate 4,5 cl (1½ oz) di vodka e versateli in uno shaker. Ripetete l'operazione con 2,5 cl (¾ oz) di liquore alla mela verde e 2,5 cl (¾ oz) di Cointreau o triple sec. Aggiungete dei cubetti di ghiaccio e agitate per qualche secondo. Trattenendo il ghiaccio con un passino (strainer), versate in una coppetta raffreddata in freezer e servite.

USO CONSIGLIATO

Ottimo all'ora dell'aperitivo.

ARNOLD PALMER

tecnica build

GRADI ALCOLICI: 0
CALORIE: 92

POLIZIOTTI DI RISERVA

Buffo poliziesco con la coppia Will Ferrell - Mark Wahlberg, fu una delle sorprese al box office targato 2010. Agli sgangherati detective, durante un momento di ritrovo vengono offerti due Arold Palmer nella versione alcolica: cocktail esploso nell'ultimo decennio anche grazie al grande schermo, tanto da trovarlo comodamente già pronto in bottiglia in tutti i supermercati.

INGREDIENTI

tè freddo al limone 9 cl (3 oz)
limonata 9 cl (3 oz)

PREPARAZIONE

In un cilindro graduato (jigger) misurate 9 cl (3 oz) di tè freddo al limone e versateli in un tumbler alto colmo di ghiaccio. Ripetete l'operazione con 9 cl (3 oz) di limonata. Mescolate delicatamente con un cucchiaino a manico lungo e servite, decorando con uno spicchio di limone (facoltativo).

USO CONSIGLIATO

Ottimo drink analcolico rinfrescante. Esiste anche la versione alcolica composta da vodka secca 6 cl (2 oz), tè freddo al limone 6 cl (2 oz) e limonata 6 cl (2 oz).

AROMATIC SPRITZ

tecnica build

INGREDIENTI

sauvignon 9 cl (3 oz)
acqua minerale frizzante o soda 6 cl (2 oz)

PREPARAZIONE

In un cilindro graduato (jigger) misurate 6 cl (2 oz) di acqua frizzante o soda e versateli in un tumbler alto colmo di ghiaccio. Allungate fin quasi al bordo con 9 cl (3 oz) di sauvignon e mescolate per qualche secondo, decorando con 2 cannucce lunghe e 1 spicchio di limone.

USO CONSIGLIATO

Eccellente aperitivo. Consigliato anche per allietare ogni momento della giornata.

GRADI ALCOLICI: 8,8
CALORIE: 156

ASSENZIO MOJITO

tecnica muddler

INGREDIENTI

Assenzio (45 gradi) 6 cl (2 oz)
½ lime
menta fresca 7 gr (circa)
zucchero bianco o di canna 20 gr (circa)
soda water o acqua minerale frizzante 6 cl (2 oz)

PREPARAZIONE

Adagiate ½ lime tagliato a cubetti in un tumbler alto e aggiungete 20 gr (circa) di zucchero. Pestate il tutto con un pestello fino a ottenere una poltiglia. Aggiungete 7 gr (circa) di menta fresca e pressate leggermente contro il bicchiere. Colmate con ghiaccio tritato o a cubetti e unite 6 cl (2 oz) di Assenzio precedentemente misurato in un cilindro graduato (jigger). Allungate fin quasi al bordo del tumbler con 6 cl (2 oz) di soda water o acqua minerale frizzante. Mescolate il tutto con un cucchiaino a manico lungo, in modo che gli ingredienti si amalgamino al meglio. Servite, decorando con 1 rametto di menta fresca e 2 cannucce lunghe.

USO CONSIGLIATO

Ottimo drink di tendenza.

GRADI ALCOLICI: 14,2
CALORIE: 172

GRADI ALCOLICI: 13,6
CALORIE: 132

BANANA FROZEN DAIQUIRI

tecnica blender

IL PADRINO II

È del 1974 l'atteso nuovo capitolo della trilogia di Francis Ford Coppola dedicata alla potentissima famiglia mafiosa dei Corleone. In una scena di questo adattamento del celebre romanzo di Mario Puzo dal cast stellare (Al Pacino, Robert Duval, Robert De Niro) un Banana Daiquiri Frozen viene ordinato da Fredo Corleone (John Cazale) in viaggio nella capitale cubana.

INGREDIENTI

rum chiaro o ambrato 4,5 cl (1 ½ oz)
succo di limone o lime 2,5 cl (¾ oz)
sciroppo di zucchero Mixer 2,5 cl (¾ oz)
banana fresca 70 gr (circa)

PREPARAZIONE

In un cilindro graduato (jigger) misurate 4,5 cl (1 ½ oz) di rum e versateli in un frullatore. Ripetete l'operazione con 2,5 cl (¾ oz) di sciroppo di zucchero e 2,5 cl (¾ oz) di succo di limone o lime. Aggiungete 70 gr (circa) di banana fresca affettata, ½ tumbler alto di ghiaccio tritato e frullate per 15-20 secondi. Versate il tutto in un tumbler basso e servite, decorando con la rimanente banana e 2 cannucce corte.

USO CONSIGLIATO

Drink dissetante che rallegrerà le vostre giornate estive.

BATIDA DE LIMAO

tecnica blender

GRADI ALCOLICI: 11,8
CALORIE: 176

INGREDIENTI

cachaça 4,5 cl (1 ½ oz)
spremuta di lime 4,5 cl (1 ½ oz)
sciroppo di zucchero Mixer 2,5 cl (¾ oz)
zucchero di canna o bianco 20 gr (circa)

PREPARAZIONE

In un cilindro graduato (jigger) misurate 4,5 cl (1 ½ oz) di cachaça e versateli in un frullatore. Ripetete l'operazione con 4,5 cl (1 ½ oz) di spremuta di lime e 2,5 cl (¾ oz) di sciroppo di zucchero. Aggiungete 20 gr (circa) di zucchero e ½ tumbler alto di ghiaccio tritato. Frullate per 15-20 secondi e versate il tutto nel tumbler. Servite, decorando con 1 fetta di lime e 2 cannucce lunghe.

USO CONSIGLIATO

Bevanda particolarmente fresca e dissetante.

GRADI ALCOLICI: 11,5
CALORIE: 194

BATIDA DE MORANGO

tecnica blender

INGREDIENTI

cachaça 4,5 cl (1½ oz)
zucchero di canna o bianco
20 gr (circa)
5 fragole fresche
purea di fragola Mixer 1,5 cl (½ oz)
sciroppo di zucchero Mixer 3 cl (1 oz)

PREPARAZIONE

In un cilindro graduato (jigger) misurate 4,5 cl (1½ oz) di cachaça e versateli in un frullatore. Ripetete l'operazione con 3 cl (1 oz) di sciroppo di zucchero. Aggiungete 20 gr (circa) di zucchero, 5 fragole fresche, 1,5 cl (½ oz) di purea di fragola precedentemente misurati in un cilindro graduato (jigger) e ½ tumbler alto di ghiaccio tritato. Frullate per 15-20 secondi e versate il tutto nel tumbler. Servite, decorando con delle fragole fresche e 2 cannucce lunghe.

USO CONSIGLIATO

Eccellente batida, consigliata in qualunque momento del giorno.

BLACK MOJITO

tecnica muddler

GRADI ALCOLICI: 8,9
CALORIE: 146

INGREDIENTI

liquore alla liquirizia 6 cl (2 oz)
½ lime
menta fresca 7 gr (circa)
zucchero bianco o di canna 20 gr (circa)
soda water o acqua minerale frizzante 6 cl (2 oz)

PREPARAZIONE

Adagiate ½ lime tagliato a cubetti in un tumbler alto e aggiungete 20 gr (circa) di zucchero. Pestate il tutto con un pestello fino a ottenere una poltiglia. Aggiungete 7 gr (circa) di menta fresca e pressate leggermente. Colmate il bicchiere con ghiaccio tritato o a cubetti e unite 6 cl (2 oz) di liquore alla liquirizia precedentemente misurato in un cilindro graduato (jigger). Allungate fin quasi al bordo con 6 cl (2 oz) di soda water o acqua minerale frizzante e mescolate il tutto con un cucchiaino a manico lungo, in modo che gli ingredienti si amalgamino al meglio. Servite, decorando con 1 rotella di liquirizia, 1 rametto di menta fresca e 2 cannucce lunghe.

USO CONSIGLIATO

Consigliato a ogni ora del giorno.

BLOODY BISHOP

tecnica build

INGREDIENTI

Sherry secco 4,5 cl (1 ½ oz)
succo di pomodoro 9 cl (3 oz)
succo di limone o lime 2,5 cl (¾ oz)
spezie

PREPARAZIONE

In un cilindro graduato (jigger) misurate 4,5 cl (1 ½ oz) di Sherry secco e versateli in un tumbler alto. Ripetete l'operazione con 2,5 cl (¾ oz) di succo di limone o lime e 9 cl (3 oz) di succo di pomodoro. Aggiungete sale, pepe, alcune gocce (dash) di tabasco, alcune gocce (dash) di salsa Worcester e qualche cubetto di ghiaccio. Mescolate energicamente gli ingredienti con un cucchiaino a manico lungo e servite, decorando con 1 fetta di avocado, 1 costa di sedano (facoltativo) e 2 cannucce lunghe.

USO CONSIGLIATO

Ottimo come aperitivo e nel primo pomeriggio.

GRADI ALCOLICI: 8,6
CALORIE: 122

BLOODY MARIA

tecnica muddler

INGREDIENTI

tequila 4,5 cl (1 ½ oz)
succo di pomodoro 9 cl (3 oz)
succo di limone 1,5 cl (½ oz)
spezie

PREPARAZIONE

In un cilindro graduato (jigger) misurate 4,5 cl (1 ½ oz) di tequila e versateli in un tumbler alto. Ripetete l'operazione con 1,5 cl (½ oz) di succo di limone e 9 cl (3 oz) di succo di pomodoro. Aggiungete sale, pepe, alcune gocce (dash) di tabasco, salsa Worcester, peperoncino jalapeño e qualche cubetto di ghiaccio. Mescolate energicamente gli ingredienti con un cucchiaino a manico lungo e servite, decorando con 1 bella fetta di avocado, una costa di sedano (facoltativo) e 2 cannucce lunghe.

USO CONSIGLIATO

Perfetto come aperitivo, ideale con la cucina messicana.

GRADI ALCOLICI: 15,8
CALORIE: 147

IL DIARIO DI BRIDGET JONES

Tutti sanno quanto la trentenne inglese Bridget Jones (Renée Zellweger) sogni il principe azzurro e sia una buona forchetta. In meno conoscono la sua passione per i pomeriggi in compagnia degli amici, guardando vecchi film, spettegolando e bevendo Bloody Mary. Cocktail che, grazie a questa riuscita commedia sentimentale del 2001, divenne popolare anche in Europa.

GRADI ALCOLICI: 16,6
CALORIE: 268

BLUE ANGEL ICE

tecnica blender

INGREDIENTI

vodka secca 3 cl (1 oz)
Cointreau o triple sec 2,5 cl (¾ oz)
Blue Curaçao 3 cl (1 oz)
succo di limone o lime 2,5 cl (¾ oz)
gelato gusto limone 100 gr (circa)

PREPARAZIONE

In un cilindro graduato (jigger) misurate 3 cl (1 oz) di vodka secca e versateli in un frullatore. Ripetete l'operazione con 2,5 cl (¾ oz) di Cointreau o triple sec, 3 cl (1 oz) di Blue Curaçao e 2,5 cl (¾ oz) di succo di limone o lime. Aggiungete 100 gr (circa) di gelato gusto limone e ½ tumbler basso di ghiaccio tritato. Frullate per 15-20 secondi e versate il tutto in un tumbler alto. Servite, decorando con ½ fetta d'arancia, 3 ciliegine da cocktail e 2 cannucce lunghe.

USO CONSIGLIATO

Estremamente dissetante, ottimo anche come digestivo.

BRAZIL COLADA

tecnica blender

GRADI ALCOLICI: 14,8
CALORIE: 248

INGREDIENTI

cachaça 6 cl (2 oz)
succo d'ananas 9 cl (3 oz)
purea di cocco Mixer 3 cl (1 oz)
sciroppo di zucchero Mixer 1,5 cl (½ oz)

PREPARAZIONE

In un cilindro graduato (jigger) misurate 6 cl (2 oz) di cachaça e versateli in un frullatore. Ripetete l'operazione con 3 cl (1 oz) di purea di cocco, 1,5 cl (½ oz) di sciroppo di zucchero e 9 cl (3 oz) di succo d'ananas. Aggiungete ½ tumbler alto di ghiaccio tritato e frullate per 15-20 secondi. Versate il tutto nel tumbler e servite, decorando con ½ fetta d'ananas, 2 ciliegine da cocktail e 2 cannucce lunghe.

USO CONSIGLIATO

Drink perfetto per allietare ogni momento della giornata.

GRADI ALCOLICI: 18,4
CALORIE: 203

CAIPIRISSIMA

tecnica muddler

INGREDIENTI

rum chiaro 6 cl (2 oz)
½ lime
zucchero bianco o di canna
20 gr (circa)

PREPARAZIONE

Adagiate ½ lime tagliato a cubetti in un tumbler basso. Unite 20 gr (circa) di zucchero e pestate il tutto con un pestello fino a ottenere una poltiglia. Aggiungete del ghiaccio tritato e 6 cl (2 oz) di rum chiaro precedentemente misurato in un cilindro graduato (jigger). Mescolate per qualche secondo con un cucchiaino a manico lungo, in modo da amalgamare al meglio gli ingredienti e servite, decorando con 2 cannucce corte.

USO CONSIGLIATO

Drink dalle eccellenti proprietà rinfrescanti, adatto dalla tarda mattinata sino a notte inoltrata.

CAIPIROSKA

tecnica muddler

GRADI ALCOLICI: 18,8
CALORIE: 215

INGREDIENTI

vodka secca 6 cl (2 oz)
½ lime
zucchero bianco o di canna
20 gr (circa)

PREPARAZIONE

Tagliate ½ lime a cubetti, adagiateli in un tumbler basso e aggiungete 20 gr (circa) di zucchero. Con un pestello schiacciate il tutto fino a renderlo una poltiglia. Riempite il bicchiere di ghiaccio tritato e versatevi 6 cl (2 oz) di vodka secca misurata in un cilindro graduato (jigger). Mescolate per qualche secondo con un cucchiaino a manico lungo, in modo da amalgamare al meglio gli ingredienti. Servite, decorando con 2 cannucce corte.

USO CONSIGLIATO

Drink da gustare con moderazione, ottimo come aperitivo.

GRADI ALCOLICI: 17,4
CALORIE: 244

CANCHANCHARA

tecnica build o shake & pour

INGREDIENTI

rum scuro 6 cl (2 oz)
succo di limone o lime 2,5 cl (¾ oz)
sciroppo di miele speziato Mixer 2,5 cl (¾ oz)
acqua minerale frizzante o soda 4,5 cl (1 ½ oz) (facoltativo)

PREPARAZIONE

In un cilindro graduato (jigger) misurate 6 cl (2 oz) di rum scuro e versateli in un tumbler basso o in uno shaker. Ripetete l'operazione con 2,5 cl (¾ oz) di succo di limone o lime e 2,5 cl (¾ oz) di sciroppo di miele speziato. Con l'aiuto di un cucchiaino a manico lungo mescolate gli ingredienti nel tumbler o shakerate energicamente senza giaccio per qualche secondo. In entrambi i casi versate il tutto in un tumbler basso colmo di ghiaccio. Aggiungete facoltativamente 4,5 cl (1 ½ oz) di acqua minerale frizzante o soda precedentemente misurate in un cilindro graduato (jigger). Decorate con spicchi di lime o limone e servite.

USO CONSIGLIATO

Drink particolarmente rinfrescante. Ottimo da gustare in ogni momento della giornata, può essere servito anche in un bicchiere di terracotta.

CHUPITO RUM E PERA

tecnica build

GRADI ALCOLICI: 8,6
CALORIE: 86

INGREDIENTI

rum scuro 3 cl (1 oz)
succo alla pera 3 cl (1 oz)

PREPARAZIONE

In un cilindro graduato (jigger) misurate 3 cl (1 oz) di rum scuro e versateli in un bicchierino piccolo (chupito). Ripetete l'operazione con 3 cl (1 oz) di succo di pera e servite.

USO CONSIGLIATO

Ottimo a fine pasto.

GRADI ALCOLICI: 13,8
CALORIE: 132

COSMOPOLITAN

tecnica shake & strain

SEX AND THE CITY

Protagonista indiscusso della serie targata HBO dal 1998 al 2004 e di questo adattamento cinematografico del 2008, il Cosmopolitan è il drink preferito di Carrie Bradshaw (Sarah Jessica Parker) e delle inseparabili amiche Samantha, Charlotte e Miranda. Non potrebbe essere altrimenti, dato che fin dalla sua nascita questo drink rosato è sempre stato associato a donne moderne ed emancipate come Madonna.

INGREDIENTI

vodka secca 4 cl (1 ¼ oz)
Cointreau o triple sec 1,5 cl (½ oz)
succo di limone o lime 1,5 cl (½ oz)
succo di cranberry (mirtillo rosso californiano) 3 cl (1 oz)

PREPARAZIONE

In un cilindro graduato (jigger) misurate 4 cl (1 ¼ oz) di vodka secca e versatela in uno shaker. Ripetete l'operazione con 1,5 cl (½ oz) di Cointreau o triple sec, 1,5 cl (½ oz) di succo di limone o lime e 3 cl (1 oz) di succo di cranberry. Aggiungete qualche cubetto di ghiaccio e agitate energicamente per qualche secondo. Trattenendo il ghiaccio con un passino (strainer), versate in una coppetta da cocktail raffreddata in freezer e servite.

USO CONSIGLIATO

Raccomandato per le ore serali o per accompagnare il rito dell'happy hour.

COSMOPOLITAN ICE

GRADI ALCOLICI: 10,8
CALORIE: 204

tecnica blender

INGREDIENTI

vodka secca 4,5 cl (1½ oz)
Cointreau o triple sec 3 cl (1 oz)
gelato gusto limone 100 gr (circa)
succo o sciroppo di cranberry Mixer 2,5 cl (¾ oz)

PREPARAZIONE

In un cilindro graduato (jigger) misurate 4,5 cl (1½ oz) di vodka secca e versateli in un frullatore. Ripetete l'operazione con 3 cl (1 oz) di Cointreau o triple sec e 2,5 cl (¾ oz) di succo o sciroppo di cranberry. Aggiungete 100 gr di gelato gusto limone e ½ tumbler basso di ghiaccio tritato. Frullate per 15-20 secondi e versate il tutto in un tumbler alto. Servite, decorando con qualche ciliegina da cocktail e 2 cannucce lunghe.

USO CONSIGLIATO

Eccellente drink ideale per la sera, particolarmente gradito al pubblico femminile.

GRADI ALCOLICI: 12,6
CALORIE: 128

GASOLINA

tecnica shake & strain

INGREDIENTI

pisco 3 cl (1 oz)
Blue Curaçao 3 cl (1 oz)
succo di limone o lime 2,5 cl (¾ oz)
sciroppo di zucchero Mixer 1,5 cl (½ oz)
frullato o succo di fragole 6 cl (2 oz)
sciroppo nero gum 0,5 cl (⅙ oz)

PREPARAZIONE

In un cilindro graduato (jigger) misurate 0,5 cl (⅙ oz) di sciroppo nero gum e versateli in uno shaker. Ripetete l'operazione con 3 cl (1 oz) di pisco, 3 cl (1 oz) di Blue Curaçao, 2,5 cl (¾ oz) di succo di limone o lime, 1,5 cl (½ oz) di sciroppo di zucchero e 6 cl (2 oz) di frullato o succo di fragole. Aggiungete alcuni cubetti di ghiaccio e agitate energicamente per qualche secondo. Trattenendo il ghiaccio con un passino (strainer), versate in un tumbler alto colmo di ghiaccio e servite, decorando con 2 cannucce lunghe.

USO CONSIGLIATO

Drink consigliato nelle ore serali.

GIADA BLU

tecnica shake & strain

GRADI ALCOLICI: 12,3
CALORIE: 134

INGREDIENTI

Müller-Thurgau 3 cl (1 oz)
Cointreau o triple sec 2,5 cl (¾ oz)
Blue Curaçao 2,5 cl (¾ oz)
succo d'ananas 9 cl (3 oz)
succo di limone o lime 1,5 cl (½ oz)

PREPARAZIONE

In un cilindro graduato (jigger) misurate 3 cl (1 oz) di Müller-Thurgau e versateli in uno shaker. Ripetete l'operazione con 2,5 cl (¾ oz) di Cointreau o triple sec, 2,5 cl (¾ oz) di Blue Curaçao, 9 cl (3 oz) di succo d'ananas e 1,5 cl (½ oz) di succo di limone o lime. Aggiungete alcuni cubetti di ghiaccio e agitate energicamente per qualche secondo. Trattenendo il ghiaccio con un passino (strainer), versate in un tumbler alto colmo di ghiaccio e servite, decorando con ½ fetta di ananas, ribes e 2 cannucce lunghe.

USO CONSIGLIATO

Consigliatissimo nelle giornate più calde.

GRADI ALCOLICI: 27,4
CALORIE: 203

ITALIAN ICED TEA

tecnica shake & strain

INGREDIENTI

grappa bianca 2,5 cl (¾ oz)
vodka secca 2,5 cl (¾ oz)
rum chiaro 2,5 cl (¾ oz)
gin 2,5 cl (¾ oz)
succo di limone o lime 2,5 cl (¾ oz)
cola 3 cl (1 oz)

PREPARAZIONE

In un cilindro graduato (jigger) misurate 2,5 cl (¾ oz) di grappa bianca e versateli in uno shaker. Ripetete l'operazione con 2,5 cl (¾ oz) di vodka secca, 2,5 cl (¾ oz) di rum, 2,5 cl (¾ oz) di gin e 2,5 cl (¾ oz) di succo di limone o lime. Agitate energicamente per qualche secondo e, trattenendo il ghiaccio con un passino (strainer), versate il tutto in un tumbler alto colmo di ghiaccio. Allungate fin quasi al bordo con 3 cl (1 oz) di cola precedentemente misurata in un cilindro graduato (jigger) e servite, decorando con 1 fetta di limone, qualche ciliegina da cocktail e 2 cannucce lunghe.

USO CONSIGLIATO

Long drink amato dai giovani e da bere, con moderazione, in ogni momento della serata.

JAMAICA'S DREAM

GRADI ALCOLICI: 16,4
CALORIE: 297

tecnica shake & strain

INGREDIENTI

rum chiaro 3 cl (1 oz)
rum scuro 3 cl (1 oz)
liquore Passoa 3 cl (1 oz)
succo tropicale 6 cl (2 oz)
purea di mango Mixer 1,5 cl (½ oz)
purea di papaya Mixer 1,5 cl (½ oz)
frutta tropicale

PREPARAZIONE

In un cilindro graduato (jigger) misurate 3 cl (1 oz) di rum scuro e versateli in uno shaker. Ripetete l'operazione con 3 cl (1 oz) di rum chiaro, 3 cl (1 oz) di liquore Passoa, 6 cl (2 oz) di succo tropicale, 1,5 cl (½ oz) di purea di papaya e 1,5 cl (½ oz) di purea di mango. Aggiungete qualche cubetto di ghiaccio e agitate energicamente per pochi secondi. Trattenendo il ghiaccio con un passino (strainer), versate il tutto in una grande coppa di vetro colma di ghiaccio. Ricoprite abbondantemente con ghiaccio tritato e sbizzarritevi nella decorazione, alternando a piacere spicchi di mango, papaya, frutto della passione, ananas e banana. Servite, completando con 2 cannucce lunghe e qualche stecchino.

USO CONSIGLIATO

Particolarmente "scenografico", delizierà i vostri ospiti, rallegrando ogni ora del giorno e della sera.

GRADI ALCOLICI: 11,8
CALORIE: 186

JAMAICAN MOJITO

tecnica muddler

INGREDIENTI

rum scuro o ambrato 6 cl (2 oz)
½ lime
zucchero bianco o di canna
20 gr (circa)
menta fresca 7 gr (circa)
macedonia di frutta fresca 60 gr (circa)
succo di lime o di limone 1,5 cl (½ oz)
soda water o acqua minerale frizzante
6 cl (2 oz)

PREPARAZIONE

Adagiate ½ lime tagliato a cubetti in un grande bicchiere di vetro e aggiungete 20 gr (circa) di zucchero. Pestate il tutto con un pestello fino a ottenere una poltiglia. Aggiungete 7 gr (circa) di menta fresca e pressate leggermente contro il bicchiere. Unite 60 gr (circa) di macedonia fresca, 6 cl (2 oz) di rum e 1,5 cl (½ oz) di succo di lime o di limone precedentemente misurati in un cilindro graduato (jigger). Colmate il bicchiere con ghiaccio tritato o a cubetti e allungate fin quasi al bordo con 6 cl (2 oz) di soda water o acqua minerale frizzante. Mescolate il tutto con un cucchiaino a manico lungo, in modo che gli ingredienti si amalgamino al meglio. Servite decorando con 2 ciliegine da cocktail e ½ fetta di ananas infilate 1 uno stecchino lungo (utilizzabile per gustare la frutta) e 2 cannucce lunghe.

USO CONSIGLIATO

Drink allegro e scenografico, da gustare a ogni ora del giorno.

KAMIKAZE

tecnica shake & strain

GRADI ALCOLICI: 20,8
CALORIE: 156

INGREDIENTI

vodka secca 3 cl (1 oz)
Cointreau o triple sec 3 cl (1 oz)
succo di limone o lime 3 cl (1 oz)

PREPARAZIONE

In un cilindro graduato (jigger) misurate 3 cl (1 oz) di vodka secca e versateli in uno shaker. Ripetete l'operazione con 3 cl (1 oz) di Cointreau o triple sec e 3 cl (1 oz) di succo di limone o lime. Aggiungete alcuni cubetti di ghiaccio e agitate energicamente per qualche secondo. Trattenendo il ghiaccio con un passino (strainer) servite in una coppetta da cocktail raffreddata in freezer.

USO CONSIGLIATO

Ottimo come digestivo, questo cocktail a elevato tenore alcolico è particolarmente consigliato durante le movimentate serate in discoteca.

LADY MOJITO ROSÉ

tecnica muddler

INGREDIENTI

vermouth dry 4,5 cl (1 ½ oz)
½ lime
zucchero bianco o di canna
20 gr (circa)
menta fresca 7 gr (circa)
spumante brut o Champagne rosé
6 cl (2 oz)

PREPARAZIONE

Adagiate ½ lime tagliato a cubetti in un tumbler alto e aggiungete 20 gr (circa) di zucchero. Pestate il tutto con un pestello, fino a ottenere una poltiglia. Aggiungete 7 gr (circa) di menta fresca e pressate leggermente. Colmate il bicchiere con ghiaccio a cubetti o tritato e versatevi 4,5 cl (1 ½ oz) di vermouth dry precedentemente misurato in un cilindro graduato (jigger). Allungate fin quasi al bordo con 6 cl (2 oz) di spumante o Champagne rosé e mescolate il tutto con un cucchiaino a manico lungo. Servite, decorando con ½ frutto della passione, 1 rametto di menta fresca e 2 cannucce lunghe.

USO CONSIGLIATO

Fantastico drink aperitivo amato particolarmente dal pubblico femminile.

GRADI ALCOLICI: 6,8
CALORIE: 184

LIQUAICE

tecnica blender

INGREDIENTI

liquore alla liquirizia 6 cl (2 oz)
rum chiaro 4,5 cl (1 ½ oz)
gelato gusto fiordilatte o crema
100 gr (circa)

PREPARAZIONE

In un cilindro graduato (jigger) misurate 6 cl (2 oz) di liquore alla liquirizia e versateli in un frullatore. Ripetete l'operazione con 4,5 cl (1 ½ oz) di rum. Aggiungete 100 gr (circa) di gelato gusto fiordilatte o crema e ½ tumbler basso di ghiaccio tritato. Frullate per 15-20 secondi e versate il tutto in un tumbler alto. Servite, decorando con 2 rondelle di liquirizia e 2 cannucce lunghe.

USO CONSIGLIATO

Eccellente drink da dessert, consigliato anche come digestivo.

GRADI ALCOLICI: 22,3
CALORIE: 360

GRADI ALCOLICI: 12,2
CALORIE: 167

MOJITO BASITO

tecnica muddler

INGREDIENTI

rum chiaro o ambrato 6 cl (2 oz)
½ lime
basilico fresco 7 gr (circa)
zucchero bianco o di canna
20 gr (circa)
soda water o acqua minerale
frizzante 6 cl (2 oz)

PREPARAZIONE

Adagiate ½ lime tagliato a cubetti in un tumbler alto e aggiungete 20 gr (circa) di zucchero. Pestate il tutto con un pestello fino a ottenere una poltiglia. Aggiungete 7 gr (circa) di basilico fresco e pressate leggermente contro il bicchiere. Colmate con ghiaccio tritato o a cubetti e unite 6 cl (2 oz) di rum precedentemente misurato in un cilindro graduato (jigger). Allungate fin quasi al bordo con 6 cl (2 oz) di soda o acqua minerale frizzante. Mescolate il tutto con un cucchiaino a manico lungo, in modo che gli ingredienti si amalgamino al meglio. Servite, decorando con 1 rametto di basilico fresco e 2 cannucce lunghe.

USO CONSIGLIATO

Cocktail particolarmente profumato adatto a tutta la serata.

MOJITO FIDEL

tecnica build

GRADI ALCOLICI: 18
CALORIE: 198

INGREDIENTI

rum chiaro o ambrato 6 cl (2 oz)
succo di lime 3 cl (1 oz) (circa)
menta fresca 7 gr (circa)
zucchero bianco o di canna
20 gr (circa)
birra bionda 6 cl (2 oz)

PREPARAZIONE

In un cilindro graduato (jigger) misurate 6 cl (2 oz) di rum e versateli in un tumbler alto. Ripetete l'operazione con 3 cl (1 oz) (circa) (circa) di succo di lime. Unite 20 gr (circa) di zucchero, 7 gr (circa) di menta fresca e mescolate il tutto con un cucchiaino a manico lungo. Colmate il bicchiere con ghiaccio spaccato grossolanamente o a piccoli cubetti e allungate fin quasi al bordo con 6 cl (2 oz) di birra bionda precedentemente misurata in un cilindro graduato. Mescolate ulteriormente e servite, decorando con 1 rametto di menta fresca e 2 cannucce lunghe.

USO CONSIGLIATO

Ottimo da sorseggiare durante la serata e consigliato anche come aperitivo.

GRADI ALCOLICI: 14,3
CALORIE: 203

MOJITO ITALIANO

tecnica muddler

INGREDIENTI

grappa bianca 6 cl (2 oz)
½ lime
menta fresca 7 gr (circa)
zucchero bianco o di canna 20 gr (circa)
soda water o acqua minerale frizzante

PREPARAZIONE

In un tumbler alto, adagiate ½ lime tagliato a cubetti e unite 20 gr (circa) di zucchero. Pestate il tutto con un pestello fino a ottenere una poltiglia. Aggiungete 7 gr (circa) di menta fresca, pressandola delicatamente. Colmate il tumbler di ghiaccio tritato o a cubetti e aggiungete 6 cl (2 oz) di grappa bianca precedentemente misurata in un cilindro graduato (jigger). Allungate fin quasi al bordo con 6 cl (2 oz) di soda water o acqua minerale frizzante. Mescolate con un cucchiaino a manico lungo, in modo che tutti gli ingredienti si amalgamino al meglio. Servite, decorando con 1 bel rametto di menta e 2 cannucce lunghe.

USO CONSIGLIATO

Perfetto da gustare nell'arco di tutta la serata.

MOJITO ROYAL

tecnica muddler

INGREDIENTI

rum chiaro o ambrato 6 cl (2 oz)
½ lime
menta fresca 7 gr (circa)
spumante brut 6 cl (2 oz)
zucchero bianco o di canna 20 gr (circa)

PREPARAZIONE

Adagiate ½ lime tagliato a cubetti in un tumbler alto e aggiungete 20 gr (circa) di zucchero. Pestate il tutto con un pestello fino a ottenere una poltiglia. Aggiungete 7 gr (circa) di menta fresca e pressate leggermente contro il bicchiere. Colmate con ghiaccio tritato o a cubetti e unite di 6 cl (2 oz) di rum precedentemente misurato in un cilindro graduato (jigger). Allungate fino quasi al bordo con 6 cl (2 oz) di spumante brut e mescolate il tutto con un cucchiaino a manico lungo, in modo che gli ingredienti si amalgamino al meglio. Servite, decorando con 1 rametto di menta fresca, ½ fetta di arancia e 2 cannucce lunghe.

USO CONSIGLIATO

Eccellente aperitivo.

GRADI ALCOLICI: 17,8
CALORIE: 218

MONTECARLO

tecnica shake & strain

INGREDIENTI

chardonnay brut o Champagne 6 cl (2 oz)
spremuta d'arancia 3 cl (1 oz)
purea di lampone Mixer 3 cl (1 oz)
Cointreau o triple sec 3 cl (1 oz)

PREPARAZIONE

In un cilindro graduato (jigger) misurate 3 cl (1 oz) di Cointreau o triple sec e versateli in uno shaker. Ripetete l'operazione con 3 cl (1 oz) di spremuta d'arancia e 3 cl (1 oz) di purea di lampone. Aggiungete qualche cubetto di ghiaccio e agitate energicamente per qualche secondo. Trattenendo il ghiaccio con un passino (strainer), versate in un bicchiere da vino e colmate con 6 cl (2 oz) di chardonnay brut o Champagne. Servite.

USO CONSIGLIATO

Ottimo aperitivo, da gustare anche in altri momenti della giornata.

GRADI ALCOLICI: 11,3
CALORIE: 87

GRADI ALCOLICI: 14,2
CALORIE: 179

MOSCOW MULE

tecnica build

INGREDIENTI

vodka secca 4,5 cl (1½ oz)
ginger beer 12 cl (4 oz)
succo di limone o lime 1,5 cl (½ oz)

PREPARAZIONE

In un cilindro graduato (jigger) misurate 4,5 cl (1½ oz) di vodka secca e versateli in un tumbler basso o in un mug colmi di ghiaccio. Ripetete l'operazione con 12 cl (4 oz) ginger beer e 1,5 cl (½ oz) di succo di limone o lime. Mescolate il tutto per qualche secondo con un cucchiaino a manico lungo e servite, decorando con 2 spicchi di limone o lime e 2 cannucce corte.

USO CONSIGLIATO

Un must dell'aperitivo moderno.

ORANGE JAM CAIPIRITA

GRADI ALCOLICI: 16,4
CALORIE: 244

tecnica muddler

INGREDIENTI

tequila 6 cl (2 oz)
zucchero bianco o di canna
20 gr (circa)
½ lime
marmellata di arance 50 gr (circa)
sciroppo di zucchero Mixer 2,5 cl
(¾ oz)

PREPARAZIONE

Disponete in un vasetto di vetro ½ lime tagliato a cubetti e aggiungete 20 gr (circa) di zucchero. Pestate il tutto con l'ausilio di un pestello fino a ottenere una poltiglia. Unite 50 gr (circa) di marmellata d'arance, 6 cl (2 oz) di tequila e 2,5 cl (¾ oz) di sciroppo di zucchero precedentemente misurati in un cilindro graduato (jigger). Colmate il vasetto con del ghiaccio tritato e mescolate energicamente il tutto con un cucchiaino a manico lungo per qualche secondo. Servite, decorando con 2 cannucce corte.

USO CONSIGLIATO

Drink giovanile adatto a qualunque momento nell'arco della serata. L'utilizzo della marmellata di arance è puramente indicativo. Potrete tranquillamente sostituirla con della marmellata al gusto che più vi aggrada.

GRADI ALCOLICI: 6,4
CALORIE: 182

ORIENTAL PEACH

tecnica blender

INGREDIENTI

vermouth dry 4 cl (1¼ oz)
purea di pesca Mixer 6 cl (2 oz)
succo d'arancia 6 cl (2 oz)
cannella in polvere ½ cucchiaino

PREPARAZIONE

In un cilindro graduato (jigger) misurate 4 cl (1¼ oz) di vermouth dry e versateli in un frullatore. Ripetete l'operazione con 6 cl (2 oz) di purea di pesca e 6 cl (2 oz) di succo d'arancia. Aggiungete ½ cucchiaino di cannella in polvere, ½ tumbler basso di ghiaccio tritato e frullate per 15-20 secondi. Versate in un tumbler alto e servite, decorando con 2 cannucce lunghe, 3 spicchi d'arancia e 1 ciliegina da cocktail.

USO CONSIGLIATO

Per chi ama il bere speziato ad ogni momento della giornata.

ORIGINAL MOJITO CUBANO

GRADI ALCOLICI: 11,6
CALORIE: 160

tecnica build

Arrivato sul grande schermo nel 2006 e diretto dal talentuoso Michael Mann, questo remake di successo dell'omonima serie tv degli anni '80 ha sdoganato in tutto il mondo l'Original Mojito Cubano, drink da sempre amatissimo in Florida e che, come testimonia una battuta da lui pronunciata, annovera tra i fedelissimi estimatori anche Sonny Crockett (Colin Farrell).

MIAMI VICE

INGREDIENTI

succo di lime 3 cl (1 oz)
menta fresca* 7 gr (circa)
zucchero bianco** o zucchero bianco di canna 20 gr (circa)
rum chiaro o ambrato 4,5 cl (1½ oz)
soda water o acqua minerale gassata 6 cl (2 oz)

PREPARAZIONE

In un cilindro graduato (jigger) misurate 4,5 cl (1½ oz) di rum e versateli in un tumbler alto. Ripetete l'operazione con 3 cl (1 oz) di succo di lime appena spremuto. Unite 20 gr (circa) di zucchero bianco e 7 gr (circa) di menta fresca, mescolando successivamente il tutto con un cucchiaino a manico lungo. Colmate il bicchiere con ghiaccio spaccato grossolanamente o a cubetti e allungate fin quasi al bordo con 6 cl (2 oz) di soda water o acqua minerale gassata. Date un'ulteriore mescolata e servite, decorando con 1 rametto di menta fresca e 2 cannucce lunghe.

USO CONSIGLIATO

Il più famoso cocktail aperitivo cubano del mondo.

* a Cuba si prepara con la hierba buena.

** a Cuba viene utilizzato zucchero di canna bianca.

GRADI ALCOLICI: 6,8
CALORIE: 228

PASSION MOJITO

tecnica muddler

INGREDIENTI

Passoa 6 cl (2 oz)
½ lime
zucchero bianco o di canna
20 gr (circa)
menta fresca 7 gr (circa)
soda water o acqua minerale
frizzante 6 cl (2 oz)
frutto della passione

PREPARAZIONE

Adagiate ½ lime tagliato a cubetti in un tumbler alto e aggiungete 20 gr (circa) di zucchero. Pestate il tutto con un pestello fino a ottenere una poltiglia. Aggiungete 7 gr (circa) di menta fresca e pressate leggermente. Colmate il bicchiere con ghiaccio tritato o a cubetti e versatevi 6 cl (2 oz) di Passoa precedentemente misurato in un cilindro graduato (jigger). Allungate fin quasi al bordo con 6 cl (2 oz) di soda water o acqua minerale frizzante e mescolate il tutto con un cucchiaino a manico lungo, in modo che gli ingredienti si amalgamino al meglio. Servite, decorando con ½ frutto della passione, 1 rametto di menta fresca e 2 cannucce lunghe.

USO CONSIGLIATO

Delizioso drink ideale per tutta la serata, particolarmente gradito al pubblico femminile.

PEPITO COLLINS

tecnica build

GRADI ALCOLICI: 12,3
CALORIE: 115

INGREDIENTI

tequila 4,5 cl (1 ½ oz)
succo di limone o lime 3 cl (1 oz)
sciroppo di zucchero Mixer
2,5 cl (¾ oz)
soda water o acqua minerale
frizzante 6 cl (2 oz)

PREPARAZIONE

In un cilindro graduato (jigger) misurate 4,5 cl (1 ½ oz) di tequila e versateli in un tumbler alto colmo di ghiaccio. Ripetete l'operazione con 3 cl (1 oz) di succo di limone o lime, 2,5 cl (¾ oz) di sciroppo di zucchero e 6 cl (2 oz) di soda water o acqua minerale frizzante. Mescolate delicatamente per qualche secondo con un cucchiaino a manico lungo e servite, decorando con 1 fetta di limone, qualche ciliegina da cocktail e 2 cannucce lunghe.

USO CONSIGLIATO

Eccellente long drink dissetante, da gustare a tutte le ore del giorno.

GRADI ALCOLICI: 15,8
CALORIE: 184

PICK ME UP FROZEN

tecnica blender

INGREDIENTI

liquore all'uovo 3 cl (1 oz)
liquore al cacao 3 cl (1 oz)
liquore al caffè 3 cl (1 oz)
gelato al fiordilatte o alla crema 50 gr (circa)

PREPARAZIONE

In un cilindro graduato (jigger) misurate 3 cl (1 oz) di liquore all'uovo e travasateli in un frullatore. Ripetete l'operazione con 3 cl (1 oz) di liquore al cacao e 3 cl (1 oz) di liquore al caffè. Aggiungete il gelato e ½ tumbler alto di ghiaccio tritato, frullando successivamente per 15-20 secondi. Versate il tutto in un tumbler basso e servite, decorando con 2 cannucce corte e una spolverata di cacao.

USO CONSIGLIATO

Perfetto per accompagnare il dessert, ma ottimo anche come digestivo.

PINK COLADA

tecnica blender

GRADI ALCOLICI: 10,6
CALORIE: 168

INGREDIENTI

rum chiaro 4,5 cl (1½ oz)
succo di ananas 9 cl (3 oz)
purea di cocco Mixer 1,5 cl (½ oz)
sciroppo di granatina Mixer 2,5 cl (¾ oz)

PREPARAZIONE

In un cilindro graduato (jigger) misurate 4,5 cl (1½ oz) di rum e versateli in un frullatore. Ripetete l'operazione con 9 cl (3 oz) di succo d'ananas, 1,5 cl (½ oz) di purea di cocco e 2,5 cl (¾ oz) di sciroppo di granatina. Aggiungete ½ tumbler alto di ghiaccio tritato e frullate per 15-20 secondi. Versate il tutto nel tumbler e servite, decorando con ½ fetta d'ananas, 2 ciliegine da cocktail e 2 cannucce lunghe.

USO CONSIGLIATO

Drink dalle spiccate proprietà energetiche.

GRADI ALCOLICI: 14,9
CALORIE: 142

PISCO COLLINS

tecnica shake & strain

INGREDIENTI

pisco 6 cl (2 oz)
sciroppo di zucchero Mixer 1,5 cl (½ oz)
succo di limone o lime 3 cl (1 oz)
soda water o acqua minerale frizzante 6 cl (2 oz)

PREPARAZIONE

In un cilindro graduato (jigger) misurate 6 cl (2 oz) di pisco e versateli in uno shaker. Ripetete l'operazione con 3 cl (1 oz) di succo di limone o lime e 1,5 cl (½ oz) di sciroppo di zucchero. Aggiungete alcuni cubetti di ghiaccio e agitate energicamente per qualche secondo. Trattenendo il ghiaccio con un passino (strainer), versate il tutto in un tumbler alto colmo di ghiaccio e allungate fin quasi al bordo con 6 cl (2 oz) di soda water o acqua minerale frizzante. Mescolate con un cucchiaino a manico lungo e servite, decorando con ½ fetta di limone, 2 ciliegine da cocktail e 2 cannucce lunghe.

USO CONSIGLIATO

Drink dalle spiccate proprietà dissetanti.

PISCO PASSION

tecnica shake & strain

GRADI ALCOLICI: 12,8
CALORIE: 180

INGREDIENTI

pisco 3 cl (1 oz)
Passoa 3 cl (1 oz)
succo di limone o lime 3 cl (1 oz)
1 frutto della passione
purea di passion fruits Mixer 1,5 cl (½ oz)

PREPARAZIONE

In un cilindro graduato (jigger) misurate 3 cl (1 oz) di pisco e versateli in uno shaker. Ripetete l'operazione con 3 cl (1 oz) di succo di limone o lime, 3 cl (1 oz) di Passoa e 1,5 cl (½ oz) di purea di passion fruits. Unite qualche cubetto di ghiaccio e la polpa di ½ frutto della passione, agitando successivamente il tutto per pochi secondi. Trattenendo il ghiaccio con un passino (strainer), versate in una coppetta da cocktail raffreddata in freezer e servite decorando col restante frutto della passione.

USO CONSIGLIATO

Ideale da bere in dolce compagnia e consigliato anche come digestivo.

GRADI ALCOLICI: 15,5
CALORIE: 116

PISCO SOUR

tecnica shake & strain

INGREDIENTI

pisco 4,5 cl (1 ½ oz)
succo di limone o lime 2,5 cl (¾ oz)
sciroppo di zucchero Mixer 1,5 (½ oz)

PREPARAZIONE

In un cilindro graduato misurate 4,5 cl (1 ½ oz) di pisco e versateli in uno shaker. Ripetete l'operazione con 2,5 cl (¾ oz) di succo di limone o lime e 1,5 (½ oz) di sciroppo di zucchero. Aggiungete alcuni cubetti di ghiaccio e agitate energicamente il tutto per qualche secondo. Trattenendo il ghiaccio con un passino (strainer), versate in una coppetta raffreddata in freezer e servite.

USO CONSIGLIATO

Eccellente digestivo, da gustare anche nel corso della serata.

PISCO SUNRISE

tecnica build

GRADI ALCOLICI: 16,2
CALORIE: 184

INGREDIENTI

pisco 6 cl (2 oz)
succo d'arancia 9 cl (3 oz)
sciroppo di granatina Mixer 2,5 cl (3/4 oz)

PREPARAZIONE

In un cilindro graduato (jigger) misurate 6 cl (2 oz) di pisco e versateli in un tumbler alto colmo di ghiaccio. Ripetete l'operazione con 9 cl (3 oz) di succo d'arancia, mescolando successivamente per qualche secondo con un cucchiaino a manico lungo. Misurate nel cilindro graduato (jigger) 2,5 cl (3/4 oz) di sciroppo di granatina e versateli lentamente nel tumbler, facendolo scorrere lungo il bordo del cucchiaino fino a che non avrà raggiunto il fondo, ottenendo così l'effetto di un sole che albeggia. Servite, decorando con 2 fette d'arancia, 2 ciliegine da cocktail e 2 cannucce lunghe.

USO CONSIGLIATO

Perfetto per tutta la giornata, ma davvero fantastico nei momenti di maggiore calura.

GRADI ALCOLICI: 14,8
CALORIE: 162

PISCOLA

tecnica build

INGREDIENTI

pisco 6 cl (2 oz)
cola 12 cl (4 oz)

PREPARAZIONE

Misurate 12 cl (4 oz) di cola in un cilindro graduato (jigger) e versateli in un tumbler alto colmo di ghiaccio. Unite 6 cl (2 oz) di pisco, facendolo scorrere lungo il bordo di un cucchiaio da cucina, in modo che resti a galla. Servite, decorando con 2 cannucce lunghe.

USO CONSIGLIATO

Cocktail indicato nelle giornate più torride.

PUFFO ICE

tecnica blender

GRADI ALCOLICI: 0
CALORIE: 260

INGREDIENTI

latte 9 cl (3 oz)
gelato gusto fiordilatte 100 gr (circa)
sciroppo blue curaçao Mixer 2,5 cl (¾ oz)

PREPARAZIONE

In un cilindro graduato (jigger) misurate 9 cl (3 oz) di latte e versateli in un frullatore. Ripetete l'operazione con 2,5 cl (¾ oz) di sciroppo blue curaçao. Aggiungete 100 gr (circa) di gelato gusto fiordilatte e ½ tumbler basso di ghiaccio tritato. Frullate per 15 secondi e versate il tutto in un tumbler alto. Servite, decorando con 2 cannucce lunghe.

USO CONSIGLIATO

Simpatico long drink analcolico con cui dissetare i più piccoli.

GRADI ALCOLICI: 15,8
CALORIE: 480

SABBIA D'ORIENTE

tecnica blender

INGREDIENTI

liquore al caffè 3 cl (1 oz)
Baileys 6 cl (2 oz)
gelato gusto crema o fiordilatte
100 gr (circa)

PREPARAZIONE

In un cilindro graduato (jigger) misurate 6 cl (2 oz) di Baileys e versateli in un frullatore. Ripetete l'operazione con 3 cl (1 oz) di liquore al caffè. Aggiungete 100 gr (circa) di gelato gusto crema o fiordilatte e ½ tumbler basso di ghiaccio tritato. Frullate per 15-20 secondi e versate il tutto in un tumbler alto. Servite, decorando con 2 cannucce lunghe e una spolverata di cacao.

USO CONSIGLIATO

Piacevolissimo drink da dessert.

SHERRY POLITAN

tecnica shake & strain

GRADI ALCOLICI: 8,9
CALORIE: 96

INGREDIENTI

Sherry secco 3 cl (1 oz)
Cointreau o triple sec 2,5 cl (¾ oz)
succo di limone o lime 1,5 cl (½ oz)
succo di cranberry (mirtillo rosso californiano) 3 cl (1 oz)

PREPARAZIONE

In un cilindro graduato (jigger) misurate 3 cl (1 oz) di Sherry secco e versatelo in uno shaker. Ripetete l'operazione con 2,5 cl (¾ oz) di Cointreau o triple sec, 1,5 cl (½ oz) di succo di limone o lime e 3 cl (1 oz) di succo di cranberry. Aggiungete qualche cubetto di ghiaccio e agitate energicamente per qualche secondo. Trattenendo il ghiaccio con un passino (strainer), versate in una coppetta da cocktail precedentemente raffreddata in freezer e servite, decorando con un grappolo di ribes rosso.

USO CONSIGLIATO

Particolare cocktail digestivo, adatto anche a ogni ora della giornata.

GRADI ALCOLICI: 8,9
CALORIE: 192

SPRITZ MOJITO

tecnica muddler

INGREDIENTI

Aperol 6 cl (2 oz)
¼ arancia fresca
zucchero bianco o di canna 20 gr (circa)
spumante brut 6 cl (2 oz)
menta fresca 7 gr (circa)
soda o acqua minerale frizzante 1,5 cl (½ oz)

PREPARAZIONE

Adagiate ¼ di arancia a cubetti in un tumbler alto e aggiungete 20 gr (circa) di zucchero. Pestate il tutto con un pestello fino a ottenere una poltiglia. Unite 7 gr (circa) di menta fresca e pressate leggermente. Colmate con ghiaccio tritato o a cubetti e versate 6 cl (2 oz) di Aperol precedentemente misurato in un cilindro graduato (jigger). Ripetete l'operazione con 6 cl (2 oz) di spumante brut fresco e con 1,5 cl (½ oz) di soda water o acqua minerale frizzante. Mescolate il tutto con un cucchiaio a manico lungo in modo che gli ingredienti si amalgamino al meglio. Servite, decorando con 1 spicchio d'arancia, 1 rametto di menta fresca e 2 cannucce lunghe.

USO CONSIGLIATO

Ottimo drink aperitivo, perfetto da gustare anche nel corso della serata.

STRAWBERRY CAIPIROSKA

tecnica muddler

GRADI ALCOLICI: 16,5
CALORIE: 216

INGREDIENTI

vodka secca 6 cl (2 oz)
fragole fresche
½ lime
zucchero bianco o di canna
20 gr (circa)
purea di fragola Mixer 2,5 cl (¾ oz)

PREPARAZIONE

Tagliate ½ lime a cubetti e disponeteli in un tumbler basso. Aggiungete 20 gr (circa) di zucchero, 2,5 cl (¾ oz) di purea di fragola e 3-4 fragole fresche. Pestate il tutto con un pestello fino a ottenere una poltiglia. Aggiungete del ghiaccio tritato e 6 cl (2 oz) di vodka secca precedentemente misurata in un cilindro graduato (jigger). Mescolate per qualche secondo con un cucchiaino a manico lungo in modo da amalgamare al meglio gli ingredienti. Servite, decorando con 2 cannucce corte e qualche bella fragola fresca.

USO CONSIGLIATO

Drink amatissimo dal pubblico giovane che lo predilige per il rito dell'happy hour.

GRADI ALCOLICI: 16,6
CALORIE: 273

STRAWBERRY DAIQUIRI ICE

tecnica blender

INGREDIENTI

rum chiaro 6 cl (2 oz)
gelato gusto limone 100 gr (circa)
sciroppo di zucchero Mixer 3 cl (1 oz)
fragole fresche 5-6
succo di limone o lime 1,5 cl (½ oz)

PREPARAZIONE

In un cilindro graduato (jigger) misurate 6 cl (2 oz) di rum e versateli in un frullatore. Ripetete l'operazione con 3 cl (1 oz) di sciroppo di zucchero e 1,5 cl (½ oz) di succo di limone o di lime. Aggiungete 100 gr (circa) di gelato gusto limone, 5-6 fragole fresche e ½ tumbler basso di ghiaccio tritato. Frullate per 15-20 secondi e versate il tutto in un tumbler alto. Servite, decorando con 2 belle fragole e 2 cannucce lunghe.

USO CONSIGLIATO

Eccellente drink digestivo, consigliato anche durante il giorno.

STRAWBERRY MARGARITA FROZEN

GRADI ALCOLICI: 10,2
CALORIE: 122

tecnica blender

INGREDIENTI

tequila chiaro 4,5 cl (1 ½ oz)
Cointreau o triple sec 2,5 cl (¾ oz)
succo di limone o lime 1,5 cl (½ oz)
purea di fragola Mixer 3 cl (1 oz)
3-4 fragole fresche

PREPARAZIONE

In un cilindro graduato (jigger) misurate 4,5 cl (1 ½ oz) di tequila e versateli in un frullatore. Ripetete l'operazione con 2,5 cl (¾ oz) di Cointreau o triple sec, 1,5 cl (½ oz) di succo di limone o lime e 3 cl (1 oz) di purea di fragola. Aggiungete 3-4 fragole fresche e 1 tumbler alto di ghiaccio tritato, frullando poi il tutto per 15-20 secondi. Versate in un tumbler basso, decorando con qualche fragola fresca e 2 cannucce lunghe.

USO CONSIGLIATO

Ottimo drink dissetante, indicato per qualunque occasione.

SWEET DREAM

tecnica shake & strain

INGREDIENTI

vermouth dry 4,5 cl (1 ½ oz)
succo d'arancia 4,5 cl (1 ½ oz)
Grand Marnier 1,5 cl (½ oz)

PREPARAZIONE

In un cilindro graduato (jigger) misurate 4,5 cl (1 ½ oz) di vermouth dry e versateli in uno shaker. Ripetete l'operazione con 4,5 cl (1 ½ oz) di succo d'arancia e 1,5 cl (½ oz) di Grand Marnier. Aggiungete qualche cubetto di ghiaccio e agitate il tutto per qualche secondo. Trattenendo il ghiaccio con un passino (strainer), versate in una coppetta raffreddata in freezer, quindi servite, decorando con 4 ciliegine da cocktail annodate su uno stecchino.

USO CONSIGLIATO

Aperitivo particolarmente aromatico adatto a ogni ora della giornata.

GRADI ALCOLICI: 10,6
CALORIE: 64

SWEET WATERMELON

tecnica build

INGREDIENTI

Brachetto 3 cl (1 oz)
Biancosarti 3 cl (1 oz)
acqua minerale frizzante o soda 3 cl (1 oz)

PREPARAZIONE

In un cilindro graduato (jigger) misurate 3 cl (1 oz) di Brachetto e versateli in un bicchiere da vino colmo di ghiaccio. Ripetete l'operazione con 3 cl (1 oz) di Biancosarti. Allungate fin quasi al bordo con 3 cl (1 oz) di acqua minerale frizzante o soda. Mescolate delicatamente il tutto con un cucchiaino a manico lungo e servite, decorando con dei pezzetti di anguria infilzati su uno stecchino lungo.

USO CONSIGLIATO

Ottimo aperitivo da gustare anche lungo tutta la giornata.

GRADI ALCOLICI: 6,8
CALORIE: 48

GRADI ALCOLICI: 7,6
CALORIE: 78

TEQUILA BUM BUM

tecnica build

INGREDIENTI

tequila 3 cl (1 oz)
bibita gassata trasparente (gassosa, acqua tonica, soda e simili) 3 cl (1 oz)

PREPARAZIONE

In un cilindro graduato (jigger) misurate 3 cl (1 oz) di tequila e versateli in uno shoot a fondo spesso. Ripetete l'operazione con 3 cl (1 oz) di una bibita gassata trasparente. Dopo averne coperto l'imboccatura con un tovagliolino di carta, picchiate il bicchierino con una certa forza per 2-3 volte su una superficie dura, quindi servite.

USO CONSIGLIATO

Ottimo a fine pasto o a fine serata.

TEQUILA PUERTO VALLARTA

tecnica build

GRADI ALCOLICI: 13,8
CALORIE: 152

INGREDIENTI

tequila 6 cl (2 oz)
succo d'arancia 9 cl (3 oz)
succo di lime o limone 2,5 cl (¾ oz)
sciroppo di granatina Mixer 1,5 cl (½ oz)

PREPARAZIONE

In un cilindro graduato (jigger) misurate 6 cl (2 oz) di tequila e versateli in un tumbler alto colmo di ghiaccio. Ripetete l'operazione con 9 cl (3 oz) di succo d'arancia, 2,5 cl (¾ oz) di succo di lime o limone e 1,5 cl (½ oz) di sciroppo di granatina. Mescolate con un cucchiaio a manico lungo e servite, decorando con 1 spicchio di lime, 1 ciliegina da cocktail e 2 cannucce lunghe.

USO CONSIGLIATO

Drink rinfrescante raccomandato a tutte le ore del giorno.

GRADI ALCOLICI: 20,8
CALORIE: 267

TESTAROSSA ICE

tecnica blender

INGREDIENTI

vodka secca 4,5 cl (1 ½ oz)
bitter (consigliato il Bitter Campari) 4,5 cl (1 ½ oz)
gelato gusto fragola 100 gr (circa)

PREPARAZIONE

In un cilindro graduato (jigger) misurate 4,5 cl (1 ½ oz) di vodka secca e versateli in un frullatore. Ripetete l'operazione con 4,5 cl (1 ½ oz) di bitter. Aggiungete 100 gr (circa) di gelato gusto fragola e ½ tumbler basso di ghiaccio tritato. Frullate per 15-20 secondi e versate il tutto in un tumbler alto. Servite, decorando con 2 fragole e 2 cannucce lunghe.

USO CONSIGLIATO

Ideale all'ora dell'aperitivo.

TOMMY'S MARGARITA

tecnica shake & strain

GRADI ALCOLICI: 10,2
CALORIE: 122

INGREDIENTI

tequila chiaro 6 cl (2 oz)
succo di limone o lime 2,5 cl (¾ oz)
sciroppo di agave 1,5 (½ oz)

PREPARAZIONE

In un cilindro graduato (jigger) misurate 6 cl (2 oz) di tequila chiaro e versateli in uno shaker. Ripetete l'operazione con 2,5 cl (¾ oz) di succo di limone o lime e 1,5 (½ oz) di sciroppo di agave. Aggiungete alcuni cubetti di ghiaccio e agitate energicamente il tutto per qualche secondo. Trattenendo il ghiaccio con un passino (strainer), versate in una coppetta raffreddata in freezer e servite.

USO CONSIGLIATO

Ottimo drink da gustare a tutte le ore.

GRADI ALCOLICI: 18,6
CALORIE: 196

TORO LOCO

tecnica build

LE RAGAZZE DEL COYOTE UGLY

I punti di forza del Coyote Ugly di New York sono due: i balli sensuali con cui le bariste animano il bancone e il Toro Loco, drink che le ragazze propongono con successo ai clienti. Grazie al lavoro al locale, l'aspirante cantautrice Violet (Piper Perabo) riuscirà non solo a superare la fobia del palcoscenico, ma troverà anche l'amore. Uscito nel 2000, il film divenne un fenomeno di costume planetario.

INGREDIENTI

mezcal 4,5 cl (1 ½ oz)
liquore al caffè 4,5 cl (1 ½ oz)

PREPARAZIONE

In un cilindro graduato (jigger) misurate 4,5 cl (1 ½ oz) di mezcal e versateli in un tumbler basso colmo di ghiaccio. Ripetete l'operazione con 4,5 cl (1 ½ oz) di liquore al caffè. Mescolate con un cucchiaino a manico lungo e servite, decorando con 2 cannucce corte.

USO CONSIGLIATO

Ottimo digestivo, apprezzato soprattutto dal pubblico maschile.

TROPICAL ICE

tecnica blender

GRADI ALCOLICI: 0
CALORIE: 308

INGREDIENTI

sciroppo di menta Mixer
2,5 cl (¾ oz)
sciroppo di orzata Mixer
1,5 cl (½ oz)
gelato gusto fiordilatte
100 gr (circa)
latte 6 cl (2 oz)

PREPARAZIONE

In un cilindro graduato (jigger) misurate 6 cl (2 oz) di latte e versateli in un frullatore. Ripetete l'operazione con 2,5 cl (¾ oz) di sciroppo alla menta e 1,5 cl (½ oz) di sciroppo di orzata. Aggiungete 100 gr (circa) di gelato gusto fiordilatte e ½ tumbler basso di ghiaccio tritato. Frullate per 15-20 secondi e versate il tutto in un tumbler alto. Servite, decorando con 1 ciuffetto di menta fresca e 2 cannucce lunghe.

USO CONSIGLIATO

Eccellente drink con proprietà dissetanti, indicato anche per i più piccoli.

GRADI ALCOLICI: 13,8
CALORIE: 173

VICTORIAN MOJITO

tecnica muddler

INGREDIENTI

gin 4,5 cl (1 ½ oz)
½ lime
zucchero bianco o di canna
20 gr (circa)
menta fresca 7 gr (circa)
spumante brut 6 cl (2 oz)

PREPARAZIONE

Adagiate ½ lime tagliato a cubetti in un tumbler alto e aggiungete 20 gr (circa) di zucchero bianco o di canna. Pestate il tutto con un pestello fino a ottenere una poltiglia. Aggiungete 7 gr (circa) di foglie di menta fresca e pressatele leggermente. Colmate il bicchiere con ghiaccio tritato o a cubetti e unite 4,5 cl (1 ½ oz) di gin precedentemente misurato in un cilindro graduato (jigger). Allungate fin quasi al bordo con 6 cl (2 oz) di spumante brut fresco e mescolate il tutto con un cucchiaino a manico lungo, in modo che gli ingredienti si amalgamino al meglio. Servite, decorando con 1 rametto di menta fresca e 2 cannucce lunghe.

USO CONSIGLIATO

Ottimo come aperitivo, ma piacevole anche come accompagnamento durante il resto della serata.

VODKA SOUR PASSION

tecnica shake & strain

GRADI ALCOLICI: 14,4
CALORIE: 143

INGREDIENTI

vodka secca 3 cl (1 oz)
succo di limone o lime 2,5 cl (¾ oz)
Passoa 2,5 cl (¾ oz)
purea passion fruits Mixer 1,5 cl (½ oz)

PREPARAZIONE

In un cilindro graduato (jigger) misurate 3 cl (1 oz) di vodka secca e versateli in uno shaker. Ripetete l'operazione con 2,5 cl (¾ oz) di succo di limone o lime, 2,5 cl (¾ oz) di Passoa e 1,5 cl (½ oz) di purea passion fruits. Aggiungete qualche cubetto di ghiaccio e agitate il tutto per alcuni secondi. Trattenendo il ghiaccio con un passino (strainer), versate in una coppetta raffreddata in freezer.

USO CONSIGLIATO

Drink digestivo e comunemente ritenuto afrodisiaco, amato dai giovani per le serate di relax e divertimento.

HOT DRINKS & COFFEE

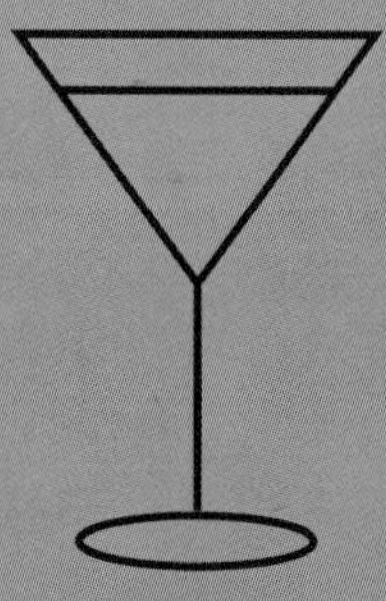

Il caffè ha origini assai remote e incerte ma la leggenda più accreditata racconta come attorno all'850 d.C. sia stato casualmente scoperto in Etiopia, nella regione di Kaffa, da un pastore di nome Kaldi. Durante il pascolo le sue caprette si misero a ingerire le foglie degli arbusti con cui l'uomo stava per accendere un fuoco. La notte Kaldi notò come gli animali, al contrario di prendere sonno, fossero insolitamente iperattivi. Comprendendo ciò che probabilmente aveva causato tale stato di eccitazione, il pastore abbrustolì sul fuoco le bacche rosse della pianta e le macinò, facendone poi un infusione.
Da allora la diffusione del caffè fu inarrestabile e, già nell'attuale Yemen, attorno al XV secolo sembrerebbe che alcuni monasteri inglobassero rudimentali caffetterie.
A partire dal XVI secolo la bevanda si diffuse in tutto il Medio Oriente e nel nord Africa, raggiungendo successivamente l'Europa attraverso l'Impero Ottomano.
È attorno al 1720 che la prima piantina di caffè sbarcò nella colonia francese della Martinica e nel 1927 le piantagioni raggiunsero il Brasile, nazione che oggi esporta il maggiore quantitativo di caffè al mondo.
Seconda bevanda più bevuta al mondo, il caffè ha un apporto calorico pressoché inesistente e molti ignorano che sia quotato in borsa. La sua duttilità lo ha trasformato in protagonista assoluto nella caffetteria, nella pasticceria e recentemente anche in cucina.
Eccellente è il suo effetto corroborante se unito a caldo a differenti distillati. L'esempio più eclatante è l'Irish Coffee, creato in Irlanda nel 1943 da Joe Sheridan, chef di un ristorante irlandese vicino all'aeroporto di Foynes.
Sempre più frequente e affascinante è invece il suo utilizzo nella miscelazione a freddo, dove spiccano la vivace Batida brasiliana e l'Espresso Martini, raffinato drink divenuto di grido nell'ultimo decennio.
Come accennavamo, il caffè sta diventando protagonista anche in cucina, grazie a ricette insolite e ricercate, abbinato soprattutto a piatti a base di selvaggina e carni rosse.

CARIBBEAN COFFEE

tecnica build

INGREDIENTI

rum scuro 4,5 (1 ½ oz)
liquore al caffè 2,5 cl (¾ oz)
caffè caldo 9 cl (3 oz)
zucchero di canna o bianco
20 gr (circa)
crema di latte (panna) 6 cl (2 oz)

PREPARAZIONE

In un cilindro graduato (jigger) misurate 4,5 cl (1 ½ oz) di rum e versateli in una lattiera, ripetendo l'operazione con 2,5 cl (¾ oz) di liquore al caffè. Unite 20 gr (circa) di zucchero) e 9 cl (3 oz) di caffè caldo. Mescolando di tanto in tanto, scaldate il tutto, stando attenti a non superare i 70 gradi. Quindi versatelo in un mug resistente al calore. Poco prima di servire, unite 6 cl (2 oz) di crema di latte (panna) precedentemente misurata in un cilindro graduato (jigger), facendola scorrere delicatamente sul bordo di un cucchiaino, in modo che resti separata dal resto.

USO CONSIGLIATO

Consigliato nei momenti più freddi dell'anno per le sue spiccate proprietà corroboranti.

GRADI ALCOLICI: 16,4
CALORIE: 230

FRENCH COFFEE

tecnica build

INGREDIENTI

cognac 4,5 cl (1 ½ oz)
liquore al caffè 2,5 cl (¾ oz)
zucchero bianco o di canna
20 gr (circa)
caffè caldo 9 cl (3 oz)
crema di latte (panna) 6 cl (2 oz)

PREPARAZIONE

In un cilindro graduato (jigger) misurate 4,5 cl (1 ½ oz) di cognac e 2,5 cl (¾ oz) di liquore al caffè e versateli in una lattiera. Aggiungete 9 cl (3 oz) di caffè caldo e 20 gr (circa) di zucchero bianco o di canna. Mescolando di tanto in tanto, scaldate il tutto e, stando attenti a non superare i 70 gradi, versatelo in un mug resistente al calore. Poco prima di servire, unite 6 cl (2 oz) crema di latte precedentemente misurata in un cilindro graduato (jigger), facendola scorrere delicatamente sul bordo di un cucchiaino, in modo che rimanga separata dal resto.

USO CONSIGLIATO

Ideale da bere durante la stagione invernale: le vostre escursioni in montagna o sulle piste da sci beneficeranno non poco delle potenti qualità corroboranti ed energetiche di questo raffinato hot drink.

GRADI ALCOLICI: 15,8
CALORIE: 226

GRADI ALCOLICI: 13,6
CALORIE: 186

GROG

tecnica build

MASTER AND COMMANDER

Le preziose proprietà corroboranti e salutari di questo celebre hot drink erano conosciute già ai tempi delle Guerre Napoleoniche. A dimostrarlo provvede anche l'attendente del capitano Jack Aubrey (Russell Crowe) che, in una sequenza di Master and Commander del 2003, suggerisce al superiore come "in caso di una festa non ci si debba mai presentare con del vino, ma piuttosto con del Grog".

INGREDIENTI

rum scuro 4,5 cl (1 ½ oz)
zucchero di canna o bianco
20 gr (circa)
acqua minerale naturale 6 cl (2 oz)
piccoli cubetti di limone
piccoli cubetti d'arancia
chiodi di garofano
cannella

PREPARAZIONE

In un cilindro graduato (jigger) misurate 4,5 cl (1 ½ oz) di rum scuro e versateli in una lattiera. Ripetete l'operazione con 6 cl (2 oz) di acqua minerale naturale. Unite 5-6 chiodi di garofano, 3 cubetti di limone, 3 cubetti di arancia, 1 stecca di cannella e 20 gr (circa) zucchero. Mescolando di tanto in tanto, scaldate il tutto, stando attenti a non superare i 70 gradi. Quindi servite in un mug resistente al calore.

USO CONSIGLIATO

Drink dalle eccellenti proprietà corroboranti. Ottimo come rimedio per i dolori di pancia.

GROLLA VALDOSTANA

tecnica build

GRADI ALCOLICI: 18,9
CALORIE: 280

INGREDIENTI

grappa bianca 4,5 cl (1 ½ oz)
Genepy (facoltativo) 2,5 cl (¾ oz)
vino rosso 6 cl (2 oz)
caffè 6 cl (2 oz)
zucchero bianco o di canna 20 gr (circa)
chiodi di garofano
scorze di limone
scorze d'arancia
bacche di ginepro
punch all'arancia o Cointreau o triple sec 2,5 cl (¾ oz)

PREPARAZIONE

In un cilindro graduato (jigger) misurate 4,5 cl (1 ½ oz) di grappa bianca e versateli in una lattiera. Ripetete l'operazione con 6 cl (2 oz) di vino rosso, 2,5 cl (¾ oz) di Genepy e 2,5 cl (¾ oz) di punch all'arancia o Cointreau o triple sec. Aggiungete 6 cl (2 oz) di caffè precedentemente misurati in un cilindro graduato (jigger), 20 gr (circa) di zucchero, 4-5 chiodi di garofano, 2-3 scorze di limone, 2-3 scorze di arancia e 5-6 bacche di ginepro. Mescolando di tanto in tanto, scaldate il tutto, stando attenti a non superare i 70 gradi. Versate in un mug resistente al calore e servite.

USO CONSIGLIATO

Drink adatto alle serate invernali, da consumare in compagnia di amici e familiari.

GRADI ALCOLICI: 14,6
CALORIE: 230

IRISH COFFEE

tecnica build

INGREDIENTI

whiskey irlandese 4,5 cl (1 ½ oz)
caffè caldo 9 cl (3 oz)
zucchero bianco o di canna 20 gr (circa)
crema di latte (panna) 3 cl (1 oz)

PREPARAZIONE

In un cilindro graduato (jigger) misurate 4,5 cl (1 ½ oz) di whiskey irlandese e versateli in una lattiera. Unite 9 cl (3 oz) di caffè caldo e 20 gr (circa) di zucchero bianco o di canna. Mescolando di tanto in tanto, scaldate il tutto, stando attenti a non superare i 70 gradi. Poco prima di servire, unite 3 cl (1 oz) di crema di latte precedentemente misurata in un cilindro graduato (jigger), facendola scorrere delicatamente sul bordo di un cucchiaino, in modo che resti separata dal resto.

USO CONSIGLIATO

Un toccasana energetico e corroborante.

ITALIAN COFFEE

tecnica build

INGREDIENTI

grappa bianca 4,5 cl (1 ½ oz)
zucchero bianco o di canna 20 gr (circa)
caffè 6 cl (2 oz)
crema di latte (panna) 6 cl (2 oz)

PREPARAZIONE

In un cilindro graduato (jigger) misurate 4,5 cl (1 ½ oz) di grappa bianca e versateli in una lattiera. Ripetete l'operazione con 6 cl (2 oz) di caffè e aggiungete 20 gr (circa) di zucchero. Mescolando di tanto in tanto, scaldate il tutto, stando attenti a non superare i 70 gradi. Versate in un mug resistente al calore e, poco prima di servire, unite 6 cl (2 oz) di crema di latte precedentemente misurata in un cilindro graduato (jigger), facendola scorrere delicatamente sul bordo di un cucchiaino, in modo che resti separata dal resto.

USO CONSIGLIATO

Ottimo drink corroborante.

GRADI ALCOLICI: 14,3
CALORIE: 236

MEXICAN COFFEE

tecnica build

INGREDIENTI

tequila 4,5 cl (1 ½ oz)
liquore al caffè 2,5 cl (¾ oz)
caffè caldo 9 cl (3 oz)
zucchero bianco o di canna 20 gr (circa)
crema di latte (panna) 6 cl (2 oz)

PREPARAZIONE

In un cilindro graduato (jigger) misurate 4,5 cl (1 ½ oz) di tequila e versateli in una lattiera. Ripetete l'operazione con 2,5 cl (¾ oz) di liquore al caffè. Unite 9 cl (3 oz) di caffè caldo e 20 gr (circa) di zucchero. Mescolando di tanto in tanto, scaldate il tutto, stando attenti a non superare i 70 gradi. Poco prima di servire, unite 6 cl (2 oz) di crema di latte precedentemente misurata in un cilindro graduato (jigger), facendola scorrere delicatamente sul bordo di un cucchiaino, in modo che resti separata dal resto.

USO CONSIGLIATO

Hot drink dal sapore deciso, perfetto nelle giornate più fredde dell'anno.

GRADI ALCOLICI: 15,8
CALORIE: 237

GRADI ALCOLICI: 16,6
CALORIE: 265

SUPER VIN BRÛLÉ

tecnica build

INGREDIENTI

vino rosso 9 cl (3 oz)
brandy o cognac 4,5 cl (1 ½ oz)
zucchero bianco o di canna 20 gr (circa)
2 scorze di limone
2 scorze d'arancia
5 chiodi di garofano
2 stecche di cannella

PREPARAZIONE

In un cilindro graduato (jigger) misurate 9 cl (3 oz) di vino rosso e versateli in una lattiera. Ripetete l'operazione con 4,5 cl (1 ½ oz) di brandy o cognac. Aggiungete 20 gr circa di zucchero bianco o di canna, 2 scorze di limone, 2 scorze d'arancia, 5 chiodi di garofano e 2 stecche di cannella. Mescolando di tanto in tanto, scaldate il tutto e, stando attenti a non superare i 70 gradi, servite in un mug resistente al calore.

USO CONSIGLIATO

Drink efficace per riscaldarsi e consigliato contro i sintomi influenzali.

LA VITA È MERAVIGLIOSA

Frank Capra nel 1946 confeziona questa favola natalizia la cui missione è salvare George Bailey (James Stewart), intenzionato a togliersi la vita la sera del 24 dicembre. Nel film l'angelo custode dell'uomo ordina un Vin Brûlé con l'intento di riscaldarsi. Da allora negli Stati Uniti La vita è meravigliosa *e il Vin Brûlé sono diventati il film e il cocktail natalizio per antonomasia.*

GRADI ALCOLICI: 11,3
CALORIE: 224

BATIDA DE CAFÉ

tecnica blender

INGREDIENTI

cachaça 4,5 cl (1½ oz)
liquore al caffè 2,5 cl (¾ oz)
caffè 6 cl (2 oz)
sciroppo di zucchero Mixer 3 cl (1 oz)
zucchero di canna o bianco
20 gr (circa)

PREPARAZIONE

In un cilindro graduato (jigger) misurate 4,5 cl (1½ oz) di cachaça e versateli in un frullatore. Ripetete l'operazione con 2,5 cl (¾ oz) di liquore al caffè e 3 cl (1 oz) di sciroppo di zucchero. Aggiungete 6 cl (2 oz) di caffè a temperatura ambiente, 20 gr (circa) di zucchero, ½ tumbler alto di ghiaccio tritato e frullate il tutto per 15-20 secondi. Versate il composto nel tumbler e servite, decorando con 2 cannucce lunghe e una spruzzata di polvere di caffè.

USO CONSIGLIATO

Ideale per tutta la serata.

ESPRESSAMENTE GRECO

tecnica shake & strain

GRADI ALCOLICI: 8,9
CALORIE: 92

INGREDIENTI

Samos dolce 3 cl (1 oz)
liquore al caffè 1,5 cl (½ oz)
sciroppo all'amaretto Mixer 1,5 cl (½ oz)
caffè 3 cl (1 oz)

PREPARAZIONE

In un cilindro graduato (jigger) misurate 3 cl (1 oz) di Samos dolce e versateli in uno shaker. Ripetete l'operazione con 3 cl (1 oz) di caffè, 1,5 cl (½ oz) di liquore al caffè e 1,5 cl (½ oz) di sciroppo all'amaretto. Aggiungete alcuni cubetti di ghiaccio e agitate energicamente per qualche secondo. Trattenendo il ghiaccio con un passino (strainer), versate in una coppetta raffreddata in freezer e servite.

USO CONSIGLIATO

Ottimo drink digestivo, consigliato anche per i momenti di particolare arsura.

ESPRESSO MARTINI

tecnica shake & strain

INGREDIENTI

vodka secca 4,5 (1 ½ oz)
liquore al caffè 1,5 cl (½ oz)
sciroppo di zucchero Mixer 1,5 cl (½ oz)
caffè 3 cl (1 oz)

PREPARAZIONE

In un cilindro graduato (jigger) misurate 4,5 (1 ½ oz) di vodka secca e versateli in uno shaker. Ripetete l'operazione con 3 cl (1 oz) di caffè, 1,5 cl (½ oz) di liquore al caffè e 1,5 cl (½ oz) di sciroppo di zucchero. Aggiungete alcuni cubetti di ghiaccio e agitate energicamente per qualche secondo. Trattenendo il ghiaccio con un passino (strainer), versate in una coppetta raffreddata in freezer e servite.

USO CONSIGLIATO

Ottimo drink dopo pasto o durante la serata.

GRADI ALCOLICI: 10,3
CALORIE: 176

INDICE ALFABETICO

BIOGRAFIE

Gianfranco Di Niso, barman professionista vincitore di gare nazionali e internazionali, è docente in vari corsi di formazione per barman con metodo freestyle e caffetteria. Dal 1986 lavora per numerosi locali di Bergamo e provincia.

Davide Manzoni laureato all'Università Cattolica di Brescia in Ideazione e Produzione per il Cinema, alterna la passione per il cinema a quella per la scrittura. Attualmente lavora come libraio.

Fabio Petroni ha studiato fotografia e ha poi collaborato con i più affermati professionisti del settore. Il suo percorso di lavoro lo ha portato a specializzarsi nel ritratto e nello still-life, ambiti in cui ha dato prova di uno stile intuitivo e rigoroso. Lavora con le principali agenzie di pubblicità e ha firmato numerose campagne per prestigiose aziende e società note a livello mondiale, fra cui alcuni importanti marchi italiani.

I DIECI BARMAN:

Salvatore Bongiovanni è barman e sommelier professionista da oltre trent'anni, vice presidente del Classic Cocktail Club e vincitore di numerosi concorsi di cocktail in Italia e all'estero. È titolare e bar manager dello "Shaker Club Cafè" di Seregno in Brianza.

Gianfranco Cacciola, è mixologist di ventennale esperienza nella Luxury Hospitality sia in Italia sia all'estero, e ha lavorato al Four Seasons Hotel Park Lane di Londra e al Palm Beach di Cannes. Fondatore del progetto Barjonio Cocktails, è anche formatore alla scuola "Uno chef per Elena e Pietro".

Francesco Drago, è bartender da più di un decennio. Ha ricevuto diversi premi del settore e ha partecipato al programma TV "Mixologist" nella stagione 2016. È barmanager presso la "Fabrica - Coffee Food Wine" di Trani.

Silvia Duzioni, Barlady AIBES Sezione Sanremo dal 2008, ha partecipato a gare, concorsi e competizioni di cocktail. Lavora presso il locale "Melograno" a Urgnano. Esperta in caffetteria e docente di sala bar alla scuola professionale di formazione ABF di Treviglio.

Filippo Fratton lavora da anni nel settore della ristorazione. La sua azienda "NonsoloCaipirinha" effettua servizio di catering cocktail-bar per eventi.
Ha partecipato a vari corsi organizzati dall'organizzazione Nazionale Assaggiatori di Vino, dalla PBS American Bartending Academy, da Fucina del Bere e masterclass Lucas Bols Amsterdam 1575.

Antonello Gagliardi dopo aver lavorato nei migliori hotel e bar di Bologna, ha aperto il suo primo locale "Tony's Bar", dove ha lavorato per nove anni. È stato barmanager di alcuni locali della città per anni. Da qualche anno ha aperto il "Tu & Yo" cocktail bar sempre a Bologna.

Vincenzo Giaimo è un bartender mixology libero professionista da oltre vent'anni, ed è diventato responsabile e docente della Regione Toscana "AFB - Alta Formazione Barman". Dopo aver creato il coktail "ERIKA" a Capo D'Orlando, ha continuato a viaggiare in cerca di nuovi sapori approdando in Grecia, all'Up Lounge Bar dove la sua signature list è dedicata ai sapori dell'isola di Corfù.

Giulia Gobbi, dopo vari corsi ed esperienze professionali nella ristorazione, è diventata insegnante presso la Federazione Barman italiana e attualmente lavora presso un noto ristorante di Rimini.

Renato Pinfildi, co-fondatore di "Le Café du Monde", cocktail e wine bar di Caserta. Barman AIBES, Sommelier AIS e Beer Sommelier. Ideatore e realizzatore della Wine Cocktail Competition. Membro del drink team di Bargiornale 2021.

Demis Vescovi, dopo il diploma alberghiero ha lavorato come trainer e bartender in locali importanti tra Bergamo e la Costa Smeralda. Successivamente ha svolto diverse esperienze come enologo in Franciacorta. Attualmente collabora come enologo in una grande Azienda Vinicola bresciana.

L'autore Gianfranco Di Niso dedica questo libro
al figlio Alessandro Massimo che adora vedere lavorare il suo papà.

RINGRAZIAMENTI

Gianfranco Di Niso e Davide Manzoni ringraziano:
Le Edizioni White Star, Valeria Manferto de Fabianis, Giorgio Ferrero, Paola Piacco e tutte le persone che hanno contribuito alla realizzazione di questo libro.
Fabio Petroni per gli splendidi scatti fotografici.
Tutti i bartenders che con la loro creatività hanno arricchito questo volume con 10 preziose ricette inedite.
Barbara Rota per il costante supporto che da sempre ci regala.

Gianfranco Di Niso ringrazia:
La MIXER Professional Cocktail Products che da anni supporta con prodotti eccellenti i corsi dei quali è docente.
Grazie in particolar modo a Luca e Antonella.
Tutti i bartenders ed i baristi che nel tempo lo hanno supportato.

Gli autori si scusano anticipatamente per eventuali errori o inesattezze e, qualora si utilizzi del materiale tratto da questo libro, chiedono gentilmente di essere citati come fonti.

REALIZZAZIONE EDITORIALE
Giorgio Ferrero

PROGETTO GRAFICO
Paola Piacco

EDIZIONI WHITE STAR

Piazzale Luigi Cadorna, 6 - 20123 Milano, Italia
www.whitestar.it

ISBN 978-88-540-4986-4
1 2 3 4 5 6 26 25 24 23 22

Stampato in Serbia

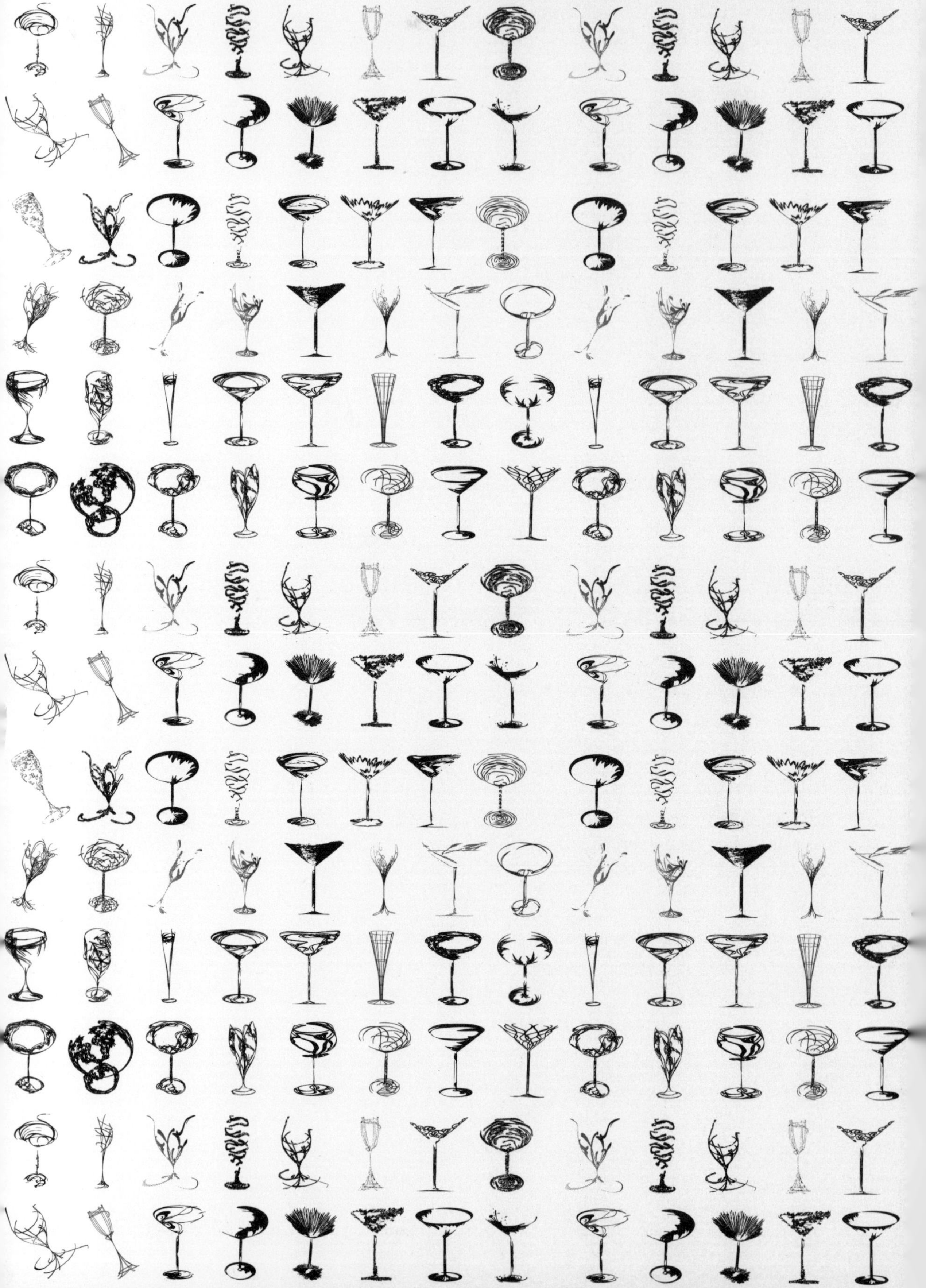